此时 众生

蒋勋

——

著

湖南文艺出版社
HUNAN LITERATURE AND ART PUBLISHING HOUSE

博集天卷
CS-BOOKY

画布上的文笔

林文月

勤于奔走散播美学，以深入浅出的语言对社会大众殷殷解说何谓风格、什么是品味的蒋勋，有一本非常精巧的书。这本书共收五十篇散文，每篇在一千二百字左右，从二〇〇三年的五月开始，止于次年五月。刚刚一年，横亘二十四节气，周而复始的笔耕，成为这本《此时众生》。

　　在台湾读过中学的人，都有写周记的经验。所谓周记，往往是指青少年学子每逢星期日晚上做完各种功课后，边打哈欠，边提笔所记的一周流水账；至于老师批改那些千篇一律的生活写照，大概也是乏味至极的吧。然而，从《桐花》《新桥》，到《回声》《肉身》，到《吾庐》《史记》，这五十篇周记，竟可以写得如此丰富、多层次！蒋勋说："我想记忆生活里每一片时光，每一片色彩，每一段声音，每种细微不可察觉的气味。我想把它们一一折叠起来，一一收存在记忆的角落。"

这些折叠起来、收存在记忆角落的晨昏光影、花香叶色、林风潮响，乃至于虫鸣蛙声，遂借由文字而好好地收藏起来了。许多的寻常往事，在记忆的角落里安藏不露，好似已经不见了，或者被遗忘了。然而并没有。有一天重读，那些文字所代表的虫声、潮响、花叶，以及光影种种，又都回来了。文字使各种各样的景象重现，使当初体验那些景象的感动也重现；同时还让阅读那些文字的别人也感动。文字的力量如此。

蒋勋习画，所以在他的文章里，视觉画境特别彰显。

《看见》文中，写火车座中所看见的风景，以人体的肉身毛发形容山峦原野。写到视觉，他说并没有绝对的黑，以十七世纪伦勃朗（Rembrandt）的画为例："初看都是黑，静下来多看一分钟，就多发现一道光。"《回声》里，写窗台上看秋水中解缆的船："越漂越远，远到变成一个黑色小点，远到最后看不见了。""如果在黄公望的《富春山居图》长卷里，船只是空白里的一条墨线……一条船，不用退多远，视觉上就只是一个黑点了。一座山需要退到多远？一片秋水需要退到多远？因为庄子，许多画家从视觉的巧匠慢慢过度成心灵视域的追求者；从得意于欢呼惊叫的技巧极限，一步一步，领悟到技巧的极限距离美的沉静包容还很遥远。"蒋勋把感官所及的风景，从西画、国画的表现方法，予以解析和比较。从肉眼观象，到心眼体物，一支文笔有如画笔，将读者逐渐导入哲理的美学境界。那些是"秋水时至"，是"不辨牛马"，是"泛若不系之舟"的意味。

五十篇散文，几乎都书成于窗前。

拥有一个家，或者只是一个房间，在家乡，或在此地彼地有一处熟悉的地方，有四壁将我们围起来，框起来，令人感觉自己是属于这个世界的，而又有一种从外界抽离的安全感。我读这些文章时，也会有这样的感觉。或读书，或工作，或静思，或出神。在家乡，或在此地彼地，属于而又抽离于这个世界，大概是由于有窗子的关系吧。窗，使人感觉既联系而又隔离。作者原先可能在那隔离的一区写文章，或者绘画；偶一抬头，便看到山光水色、寒林叶落、桐花如雪、鹭鸶鸡鸭……或许，竟因而推门出户，走入景中，变成物象的一部分，与世界融合为一体，成为线，成为点，在画面之中。

窗前书写，自自然然。至于一年期间，定时一千二百字左右的短文，用两个字的齐一小题标示，或断或续，随兴所至舒展开来：《秋水》《回声》《潮声》《品味》《甜酸》《风尚》《布衣》，这些篇章，分开来是独立的散文，缀连起来却又是绵延可以贯穿的。

在目录上，二字齐一的小题各篇最后，有一篇附录的单字题目：《雪——纪念母亲》。

蒋勋很用心地写这篇文章。写下雪的季节，去Ｖ城探望病中的母亲。写雪，写看雪的自己和下雪天的一些记忆。窗外的雪，"这样富丽繁华，又这样朴素沉静"地下着，屋内的灯全熄了，只留母亲卧房里床头一盏灯，幽微的光反映在玻璃上。远处街角也有一盏路灯，照着白白的雪景。"白，到了是空白。白，就仿佛不再是色彩，不再是实体的存在。白，变成一种心境，一种看尽繁华之后生命终极的领悟吧。"

我想，蒋勋可能是以留白的方式，来写他最珍惜的一个记忆和思念的吧。

《此时众生》，遂成为他送给母亲最具深意的礼物了。

愿

蒋勋

我愿是满山的杜鹃

只为一次无憾的春天

我愿是繁星

舍给一个夏天的夜晚

我愿是千万条江河

流向唯一的海洋

我愿是那月

为你，再一次圆满

如果你是岛屿

我愿是环抱你的海洋

如果你张起了船帆

我便是轻轻吹动的海浪

如你远行

我愿是那路

准备了平坦

随你去到远方

　　　　　愿

当你走累了

我愿是夜晚

是路旁的客栈

有干净的枕席

供你睡眠

眠中有梦

我就是你枕上的泪痕

我愿是手臂

让你依靠

虽然白发苍苍

仍然是你脚边的炉火

与你共话回忆的老年

你是笑

我是应和你的歌声

你是泪

我是陪伴你的星光

当你埋葬土中

我愿是依伴你的青草

你成灰，我便成尘

如果啊！如果 ——

如果你对此生还有眷恋

我就再许一愿

与你结来世因缘

　　　　愿

目录

夏天

● ● ●

小满

也许花朵落下或留在树上，
是用不同的方式完成了自己。

桐花

旋子，我要和你说台湾五月的油桐花。我不知道在这个战争频仍、疫病流传的时刻，为什么想上山去看桐花。以前看桐花多在苗栗、三义一带台湾中部的山区。

S说：不必跑那么远，台北近郊就有油桐。

S住在台北南端安坑的山坡上，隔几日他打电话来说：后山的桐花已经开得灿烂极了。约好上山去看桐花的前一夜，没想到下了一夜的大雨。

第二天清晨一早，阳光明晃晃照进室内。是个大好晴天，但仍心中忐忑，记挂夜里的花是否被雨打去。

S 说：还是来吧，桐花本来就是随开随落。

想到不久前发生的战争，数千年的文物在一夕间毁坏，那战战兢兢捧在手中的美丽对象，忽然化为齑粉，我们的悲叹哀伤，我们在美逝去时的锥心之痛，还有存在的意义吗？

桐花像雪，远远看去，一片山都白了。走进树林，桐花树有十几尺高。花开在树梢，仰着头看，巴掌大的绿色叶子衬着一丛白色花束。花型不明显，倒是树隙花叶间洒落一片阳光，阳光里纷纷馥馥一片落花，像极了雪在空中回旋。又像千千万万白色蝴蝶，漫天飞舞，在空中升升沉沉，聚散离合。又纷纷飘下坠落，坠落在仰看者的脸上，头上，身上。坠落在地面，铺满一地，连林间小路上也都是雪白落花。走过的人不忍踩踏，又欣喜又为难地踟蹰徘徊。

"我怎么办啊？"——一个孩子急得跳脚，旁边听的人都笑了。

我们还有对花被踩踏的不忍吗？

不知道为什么想起战争中一个孩子，截断了手臂，转动着像花朵盛放一样明亮的眼睛，有一点惶惧惊恐地看着人间，疑惑地询问炮火中父母是否无恙。没有人回答他的问题。旁边的人背转身去，忍住泪水。他不知道要如何告诉这个孩子战争的真实情形。他不确定该不该让孩子知道，外面的世界已经多么残破混乱。我们还应该相信什么吗？在这战争病疫蔓延流传的年代。

桐花像雪，扑天铺地，漫无边际地飞舞。我把花接在手掌上，细看花的形状。

桐花五瓣，白而透明。花蕊很细，中心深处一点浅红，是为了使蜂蝶容易辨识，前来传播花粉的吧！

S说：落下的都是雄花，雌花留在树上，要结成果实。

雌花要结成果实，强韧地留在枝头上；雄花交配完成，纷纷坠落。生命已经完成，离枝离叶，其实并不哀伤。

我手中拈着一朵落花，五片花瓣，被一个绿色小小的蒂承接着。也许花朵落下或留在树上，是用不同的方式完成了自己，我们所知有限，常常徒自惊恐哀伤。

今年二月，我在母亲临终的床前，读懂了《金刚经》的"无我相，无人相，无众生相，无寿者相"的句子，知道惊恐哀伤，只是自己执迷。

我想回复成孩子，在铺满花的林子里，单纯只是欣喜或忧伤，

无思无想。旋子，你还记得童年初次被满树盛放的桐花惊吓住的情景吗？从那个时刻开始，你有了欣喜，也有了忧伤。我们要一生怀着这欣喜与忧伤，走过通向美的漫长途径。

二〇〇三年五月二十六日

月桃开花累累，整串花蕾向下弯垂，仿佛承担不了如此盛放的重量。

月桃

安坑的后山，可以从新店上去。沿着落满桐花的小径走，到了高处，可以眺望整个台北盆地，看到一条长长的新店溪汇流成淡水河，看到远远的关渡、八里一带的河口，浩浩荡荡。

"晴朗的日子，可以看得更远。"S说。

很久没有在这样的高度看自己居住的地方。因为距离远，人为的建筑物显得很小。车道纵横，密聚的房舍，看起来都像玩具。因为远，人与人彼此挤压得不快乐，也不明显。走到高一点，还可以感觉到山脉起伏，感觉到河流蜿蜒而去，感觉到日光和云的影子在城市的上空缓缓移动。

旋子，很久没有听到山风吹起来的松涛，哗哗在我耳边回响。

我平日究竟在听什么？我还听得见松间的风声吗？

我平日究竟在看什么？我多久没有来山里看五月漫天飞舞的油桐花？我多久忘了走来这山路？登山的人一步一步走出来的林间小路，曲曲折折，高高低低，可以一直翻过山头，下到土城。原来以为新店和土城距离很远，却只是山头的两边。在交界的高处，指一指这边说：是新店。指一指那边说：是土城。天宽地阔，心中无挂碍，可以这样指点江山。

山路旁的树枝上缠结着一些黄色的布条，是登山的人做的标志。标明位置，指引方向，注明到下一个目的地的里程。山路一级一级的石阶修缮得很好，石阶两旁栽种了孤挺花；喇叭形的红色花朵从一枝挺直的茎干上端向四边绽放。孤挺花是庭院的花，这样沿路栽种，似乎是有人特别用心栽培，也使荒野的风景多了一点人间的气息。

我更喜欢月桃。因为是山野原生的品种吧，妩媚泼辣中带着诱惑人的野气。狭长油绿的叶子，有一点像姜花，却更芜杂率性。民间常用月桃的叶子包粽子，也用来衬垫在新蒸好的米粿下面，米谷的香气中就渗透着叶子一整个夏日阳光雨水的辛辣芬芳。

月桃的花，瓷白色，一枝花茎上结了几十朵花苞。每一朵花苞尖端一点点红，红得触目心惊，红得像民间喜庆的颜色。白色的花常以香气诱引蜂蝶，月桃的香味足够浓郁，却在花瓣尖端还要标记醒目的红，好让昆虫更准确地辨认。

旋子，生命存在的目的这么单纯。生命华丽或凄伤，也只是绕着这么单纯的目的打转而已。

月桃开花累累，整串花蕾向下弯垂，仿佛承担不了如此盛放的重量。我走近细看，盛放的花蕾瓣膜上还渗沁着透明的黏稠液体。欲望如此真实，欲望活着，欲望交配，欲望传延生命。我们称为"爱"或"伦理"的命题，也许在植物或动物、昆虫的世界会呈现出更单纯的本质。

月桃是俗艳之花，它显露出太直接的欲望本质。很少人把月桃插在瓶子里，做装饰或供养。不经修饰的欲望也许使人害怕，月桃的俗艳喜气是适合开在荒野的，也适合做民间喜庆的食物，沾带饱含着大地日月山河的活泼。

等夕阳落了山，最后一点赭红的光在林隙渐渐退去。天色暗到不辨路面，只有月桃洁净皎白，仍在风中静静摇摆。

二〇〇三年六月二日

芒种

我们心中是否还有一点闪亮的萤火，可以传递最幽微的心事？

萤火

坐在山坳处的一个湖边用晚餐。入夜以后，湖面上袭来凉爽的晚风。季节才入初夏，南方的岛屿白日溽湿燥热。难得这湖畔清风，把杂乱烦虑吹得干净。好像镜面的湖水，一片空明，映照出四周山丘的轮廓。初月升起，水中山上都是月亮的光华。

旋子，因为疫病的流行，城市里的居民非常恐慌。疫病是突然暴发的，迅速蔓延开来。病毒不知道在哪里，对抗病毒的药品还在研发，死亡的病例逐日增加。每一个人都恐慌被感染，怀疑身边的人带有病毒，不知道自己会不会是下一个被病毒侵害的人。

旋子，我想到佛经里常说的"无明"，不知道是不是一种无以名之的恐惧。

恐惧常常并不需要原因。事实上，人从出生开始，就注定了趋向死亡。人诞生在一个包含了"死亡"在内的现象里。

我们恐惧死亡吗？对死亡的恐惧也就是一种"无明"吧。我们恐惧，只是因为所知有限。

如果在湖边多坐一会儿，因为月光和山风，因为草丛里飞起来的萤火，我可以有多一点片刻心境的澄明吧。然而，我也挂念山下的疫病和恐慌，我也挂念生死，我也仍在"无明"中啊！

萤火远远近近，高高低低，疏疏落落，在阒暗的山谷里闪闪烁烁。

萤火闪烁的频率很像手机上信号的光，带一点微绿，在沉寂的黑暗里一闪一闪。间隔几秒钟的停顿，好像寻找，好像等待，好像浩大宇宙里一点幽微心事的传递。

在无明的恐惧里，我们还有寻找与等待的盼望吗？在死亡密不透风的巨大黑网里，我们心中是否还有一点闪亮的萤火，可以传递最幽微的心事？可以度过阒暗无明的恐惧时刻？

　　J说：萤火虫是鞘翅目的昆虫，和金龟子同一类。萤火虫发亮是雌雄求偶，寻找频率相近的伴侣。我笑了，觉得J的解释有一种年轻的俏皮，不像科学，不像在说明昆虫生态，倒像是调笑人类的行为。

　　也许，人类本来就离昆虫不远吧。我们的爱恨，我们的欲望，我们生存的意志，我们死亡的恐惧，都还依循着生物世界本能的规则。

　　我们还有更多一点"人"的意义与价值的渴望吗？

　　旋子，J是学美术的青年，他在笔记上图绘了萤火虫雌雄不同的样貌。雌的身体有一段段节肢，看起来像古代宫廷女子繁复的裙子。美术，如果直译为"美的技术"，这技术要用来做什么呢？我想问J，但是他专心观察萤火虫，专心素描和记录，见到许多儿童拿着手电筒上山，他又专心一一叮咛："关了手电筒好吗？会妨碍萤火虫的繁殖。"

　　儿童们听话，都关了手电筒，萤火即刻像满天繁星一样闪亮起来。黑暗里听到孩子"哇"的一声，充满欢悦赞叹。

　　旋子，我没有再追问什么。暗夜里走下山去，点点萤火一路相伴，呼应着远处山下人家的灯火。

天上的星辰，或是人间的灯光，都曾经是人类在旷古悠长黑暗里希望的记忆，即使微弱如萤火，也似乎暂时解脱了我们"无明"的恐惧。

二〇〇三年六月九日

夏至

相思

　　相思木还是这一带丘陵最常见的树木。枝干修长向上升起，线条干净优美。细如柳叶的叶片，一丛一丛，稀稀疏疏，像薄薄平面铺开的羽扇，在微微的风里静静上下浮沉。初夏的阳光经过筛滤，在叶隙间摇曳成黄金色的光，缓缓从上向下洒落。

　　即使是盛暑夏日，走在相思树林下，也不觉得阳光刺目燥烈。细细的叶片像一张一张天然的伞盖，缓和了炙热，也使太过强烈的日光变得柔和。走山路的人就在相思树林间来来往往，走出了一条一条幽静的小路。

贪看林间树梢阳光迷离晃漾，山路高高低低曲折迂回。不急着赶路，不急着到哪里去，林间的过客一路走，一路嗅闻到一阵一阵扑面而来的幽香。幽香里带一点点的甘甜，不像花香浓郁，淡淡地在风中飘散，若有若无，不时袭来，认真去找，却又杳无踪迹。

古早台湾民间多采相思木做燃料，也用来制炭，取其烟少味香的好处吧。小儿手臂粗的黑色炭条，长约三十厘米一段，一捆一捆，扎得结结实实，堆放在灶房檐下，煮饭时就抽几条丢入炉灶内生火。火苗燃烧，上下蹿动，相思木噼里啪啦爆裂作响，远远一条街巷都弥漫着相思木浓浓的炭香。

相思木制炭，被烈火逼出的香味浓郁甜稠，停留在童年的记忆里，好像不甘心褪淡；好像即使在烈火中尽将成灰，仍然要在空中坚持留一段魂魄，无论如何也不肯散去。

也许还是这风中渐行渐远的林间小径更宜于徘徊。旋子，我想我遗忘了什么，相思木的幽香在风中淡淡飘散逝去，没有烈火逼迫，是不是遗忘比记忆更好？

我记得这一个初夏的午后。我记得白色桐花如雪，陆续坠落。

我记得月桃浓腻的气味，招蜂引蝶。我记得入夜的萤火，如山中繁星闪烁。

我想记忆 S 说过的话语，我想记忆 J 年轻愉悦的容颜，我想记忆林间的风声，我想记忆每一片叶脉上流动的光，我想记忆草丛里聒噪的蛙声虫鸣……

旋子，我想记忆生活里每一片时光，每一片色彩，每一段声音，每种细微不可察觉的气味。我想把它们一一折叠起来，一一收存在记忆的角落。

有一天你说：一个学习艺术的青年是不是要收存所有"美"的记忆？

我想你不是在问我，你只是在自问自答，我当然笑而不语，等候你自己的结论。

我知道自己对"美"贪婪，无药可救。但是我有多大的记忆的容量，可以收存这世间浩大的一切？

我走下山的时候，城市里的居民仍然焦虑惊慌，疫病灾难都离得不远。灾难并没有使人靠近，彼此辱骂仇恨，贪嗔痴爱，仿佛烈火煎熬。

旋子，你或许会在街头看到我颓然独自伫立。

五月过后，今年特别晚开的相思木的花，茸茸黄黄，满山遍野，散成细细的飞絮。在下山之后许久，穿行在城市的大街小巷，相思木若有若无的幽香仍然久久萦绕不去，才发现发上身上沾满了细细的黄色飞絮。

它们无意随我来到人间，只是我自己挂念，当成一种缘分，可以记忆，也可以遗忘。

二〇〇三年六月二十三日

夏至

让自己在满山红艳前发呆，
让自己词穷，让自己画不出一笔。

栖霞

上一个秋天，一位居住在北方城市的朋友，迫不及待地要告诉我整片山林树叶变红的景象。他在信里描述形容多次，最后还是不满意。不巧他正好是学汉语文学的，美景当前，自己却如此词穷，难免有些沮丧吧。沮丧过后又有点负气，他就传信来说："你自己来看吧！"

他居住的那个城市我是去过的。大江环绕，古城门高耸雄伟，使我想起许多故事。只是我去的时候是夏天，没有遇到他赞叹的层林尽染的秋景。一日随兴乱走，无意间到了城郊，看到农家田地里兀立着几尊高大石雕辟邪，像狮子，又像飞马，昂首阔步，向着苍茫云天。我当然认出是大约一千五百年前南朝萧梁王朝皇陵旧物，不知为什么心中酸楚。一阵灰烟卷过，是农民在辟邪旁用瓦灶小锅煮炊。鱼干豆豉，辛辣咸苦，热腾腾气味扑来，远近呼叫开饭，现世一片欢喜，其实没有什么故事沧桑。

我离开的时候夕阳满天，同行的人指着瞬息万变的霞彩，告诉我说："附近有山名叫'栖霞'，山中有寺庙，也叫'栖霞'。"

"栖霞"或许并不专指夕阳彩霞，许多文学里的"栖霞"更多是有关秋林经霜染成红，绚烂变幻，令人心醉的记忆。

旋子，我很同情那个努力搜索字句要形容美景最终却陷于沮丧的朋友。我答应他：下一次会选一个秋天去看一看"栖霞"。

我可以想象无边无际的林木，几日里，飒飒秋风走过，颤动飞扬起千千万万张叶片。整片山林，从靛绿变青、变橙、变黄，变紫褐，变绛赭，变成一片纠缠的金赤艳红；一片迷离，一片光的闪烁明灭，如琉璃琥珀，如霞彩瞬息万变，层层叠叠，交错摇曳，变成难以捉摸难以形容的光与色彩的重叠变幻……

旋子，我们都无言以对，不是吗？我们或者沮丧，或者无奈，或者毫无缘由地热泪盈眶，只是因为刹那间心里什么久未开启的地方忽然被触动了。我们刹那间懂了什么，却说不清楚。我们同时看到了生与死，看到了盛旺与凋零，看到了繁华与幻灭，看到了洪荒到劫毁，看到了终始因果，如此就在眼前。

　　"美"如此来临，我们心中悸动，却无以名状。

　　旋子，如果秋天在"栖霞"，你想，我会比那位学汉语文学的朋友找到更多形容色彩的词汇字句吗？如果秋天在"栖霞"，我们带去写生的颜料足够描绘渲染树叶被霜染以后富丽灿烂的层次吗？

　　或者，我们也一样，只是沮丧站立，无言以对。

　　"美"使我们沉默，"美"使我们谦卑，"美"使我们知道生命同时存在的辛苦与甘甜，艰难与庄严。通过"美"，我们再一次诞生，也再一次死亡。

　　下一个秋天，我们约定向深山走去吧。让自己在满山红艳前发呆，让自己词穷，让自己画不出一笔，让自己沮丧颓唐，但是，也让自己领悟：我们看到的，其实不是色彩与光的变化，我们是在一弹指顷，看到了千千万万生死变灭，刹那间我们听到了洪荒以来自己每一次重来与离去的哭声。

旋子，当千千万万枯叶从万山中飞起，当所有媲美繁花、媲美霞彩的颜色全都一一褪去，瑟瑟飒飒，漫天飞舞如春日蝴蝶的枯叶，在已经寒凉空寂的山里静静回旋。山路上仍然有最后一个走向秋山的人，不想写诗，不想画画，他对着万山长啸，听到山鸣谷应，都是回声，不禁喜极而泣。

二〇〇三年六月三十日

大雨

夏至前一天，我从居住的城市出发，往南出城后转东，经过一段弯曲迂回盘旋上坡的山道，翻越大山连绵不断的峰峦之后，从层层下降的山路上眺望远处一片平坦开阔的翠绿田畴，如果天气晴朗，可以一直眺望到海，可以看到浮在海上远看如龟背、凸起于碧波之间的小岛。

旋子，我们预计在傍晚时分抵达岛屿东北平原上一个以温泉著名的市镇，寄宿一夜，第二天清晨绕过东北角的险峻断崖，驱车到东部的海滨。

没想到出发时天色忽然变暗，原来艳蓝明亮的天空飞来乌黑的云团。远方滚动炸开低沉的雷声，好像长久被积郁压抑的愤怒委屈，满溢到了要翻腾激荡，在大气间左冲右突，寻找宣泄爆发的出口。夏日午后热带岛屿雷阵雨前郁闷潮湿、饱含水分的空气，像一块沉甸甸、湿答答、黏腻的布，紧紧贴在皮肤上。

车子在山路上行驶。乌云大片遮蔽了天空，光线迅速暗下来。山壁上倒悬垂挂的蕨类植物的茎叶在风中惊慌地颤抖旋转。窒闷的沉静里听见大点雨滴嗒嗒打在车篷上。开始是点滴响脆疏疏落落的单音，逐渐由疏而密、由缓而急、像点点的马蹄声由远而近，嗒嗒嗒嗒，越来越快，最后连成一片，大雨倾注而下，瀑布一样银白色的重重雨幕遮蔽了视线，雨刷疾速左右摇动，雨珠在车窗玻璃上飞溅四散，长久积抑的郁闷似乎终于可以尽情放声号啕大哭。

雨势太大，山边坡坎混凝土护墙里装置的排水管水流喷射而出，像千万支水枪。山谷洼地顷刻都变成急湍，排水沟的水涨满溢出，路面也都成了水道，车行水上，耳中都是大水重重拍打撞击车顶的声音。"这种雨不会下太久。"B一面开车一面说。他或者在安

慰我，或者在安慰自己吧。

我们原来没有预期会下雨，气象报告也说连续几天都是晴天。

但是下雨或许没有什么不好。在一条漫长的道路上，前面会有什么事情发生，我们并不知道。预期只是主观的假设而已，假设如果一一实现，我们得意忘形，假设也就变成了执着。有了执着，预期一旦落空，就要失望痛苦。其实，一条路走下去，因为处处可能都不尽如预期，也就处处充满了继续走下去的无限好奇与探险的快乐吧。到了峰峦的高处，雨恰好也停了。

许多人把车子停靠在路边，下了车，抬头看雨敛云收之后一碧如洗的晴空，眺望重重山路下面连绵不断的平原，眺望雨后新绿闪亮的稻田连接着沐浴在明晃晃阳光里的湛蓝大海，下车的人伸展腰骨四肢，转动脖颈，有人微笑，有人跳跃欢呼。

旋子，我没有预期什么，或者，我只是预期一次单纯的出走吧。

我预期阳光，结果听到了大雨滂沱。我预期晴日开朗，却看到了最低郁苦闷的号啕。我预期走在平坦顺畅的康庄大道上吗？却为何偏偏走来这曲折迂回、盘旋险阻、随时要警惕落石与绝壁的山路。

车子在斜缓的山路上蜿蜒而下，远远长长的风从车窗吹进来。整座山满是流水的声音，哗哗啦啦，淅淅沥沥，铮铮淙淙，点点滴滴……从来没有想到，大雨过后，山里瀑飞泉流，滩湍潺湲，水声如歌，一路同行，是如此富裕喜悦。

二〇〇三年七月七日

小暑

听觉过后，暗夜里视觉其实也非常清楚，可以辨认极幽微的光。

溪涧

以温泉著名的 G 镇其实是颇令人失望的。

我们抵达的时候已经入夜，G 镇就在山脚下，天色暗得特别早，远远看到一座座矗立的大山峰峦雄踞在市镇上方，可以想见这个市镇环境未被破坏时得天独厚的景观之美和自然资源的富裕。

目前的 G 镇，小小范围内几条主要街道，几乎全部被招徕观光客的丑怪商业旅馆霸占。旅馆像一头头巨大的怪兽，吞噬了整个小镇。粗俗不堪的招牌，粗俗不堪的设计，到处配置俗艳的霓虹灯，令人眼花缭乱。

温泉这一项自然资源使小镇繁荣起来，外地游客来此度假休闲，来此消费。要在短时间急迫牟获暴利的贪婪欲望，主导在政客、财团、黑道恶势力手中，单纯的自然资源被包装成狂欢纵欲的大吃大喝，被包装成最廉价的性欲感官的贩卖。

当最低等的感官欲望不断被刺激，小镇单纯的温泉资源已被污染。在几条主要街道上浏览，粗俗豪华的广告牌上兜售强调的大多与温泉无关，只是极力想尽办法引诱挑逗人的本能欲望。

政客财团如此煽动人的低等感官以谋取权力财富。这个岛屿其实是没有文化可言的，G镇也只是岛屿上陆续败坏沉沦令人心痛的例子之一而已吧。

在镇上绕了几圈，竟找不到可以落脚的处所。我和B面面相觑，不知道要不要坚持继续找下去，或者就此放弃，向低劣粗俗的生活妥协投降。

"往山里走走看吧！"看到几座大山蹲伏在暗影中，我似乎仍不死心，相信自然中总有净土。

离开市镇，车子转进山区的小路，两旁没有路灯，大雨后山里扑来一阵一阵草和树木的清新气味。没有多久，听到静夜虫鸣间奏里响起轰轰的水声。原来山路已紧挨溪涧，大雨之后，溪水暴涨，急湍在巨岩卵石间冲激腾跃，哗啦啦一片响声。

不到五分钟，市镇俗恶的喧嚣就一洗而清了。弯曲小路、草虫鸣叫、潺湲水声，下车以后抬头看见满天繁星，阒暗耸峻大山边有简单民宿房舍，紧靠溪涧，我们相视而笑，知道是可以投宿歇息的地方了。

民宿建筑谈不上精致，是混凝土钢筋的简陋三层楼房。没有游客，几名妇人闲坐在大厅看电视，招呼我们看了房间，开窗眼前就是大山溪涧，被褥也都干净朴素，四壁没有花花俏俏让人头晕的东西。

旋子，简单是不是美最基本的素质？

我居住的岛屿在很短的时间暴发富有起来，大量物质消费涌入生活，人们的欲望被刺激，失去了选择与判断的耐心，贪婪淹没了素朴的信仰，正如同老子在两千多年前的告诫，"五色令人目盲，五音令人耳聋，五味令人口爽，驰骋畋猎，令人心发狂"。目盲、耳聋、口爽，所有的感官被不断刺激到麻木的地步，只剩下永远无法满足的心，为填塞不完的欲望疯狂地活跃着。

妇人邀请我们同看电视，我们婉拒了，B说：想去溪边走走。

户外山高水长，沿溪走去，一路水声盈耳。完全没有灯的山谷，却有意想不到的天光。

　　乳白色的云，一团一团在高高的山巅上方缓缓运动。云团让出空隙，暗黑的天幕上就闪烁起点点明亮的星辰。溪涧里水声哗哗，间杂着天光、水光花花地晃漾流动。听觉过后，暗夜里视觉其实也非常清楚，可以辨认极幽微的光；撞击在岩块上迸溅起来的每一滴水珠莹润、闪亮、瞬间消失的光，浅滩浮沫上游移、徘徊、缓慢回旋的光，石隙间一绺一绺、像指间发丝一样、不断逝去的光，深涧里澎湃、汹涌、仿佛热泪盈眶激荡洋溢的光……

　　这条溪涧摇摇荡荡，穿过市镇，一路奔向大海。旋子，我隐约看到溪涧在远远的出海口仍然反映出一片清冷静定、浩大而又饱满的光。

　　旋子，这一夜我在水声与水光相伴里入睡。

二〇〇三年七月十四日

一条瀑布从数十米高的悬崖垂挂下来，好像可以听到水的欢呼踊跃。

瀑布

　　早上走到溪涧旁看水，妇人们早起，已三三两两面对山壁做体操。看不出她们做哪一种运动，脱了鞋，赤脚踩在草地上，转头、转腰、扭屁股，有时候乱叫几声，像马一样奔跑起来。跑了几圈，回到原地，马步半蹲，双手合十，面对一株盛放紫红花朵的羊蹄甲，凝神肃穆，调整呼吸，好像在参拜庄严的神佛。

　　昨天一场大雨，雨水此刻都在溪涧里，我看水无事，就问妇人：

练什么功？

"乱做的啦。"她一面甩手一面回答，"山里没有老师教，随意做，反正大山里花花草草、泥土、石头都有气，怎么做都好。"

妇人告诉我们沿溪向上走两百米有游泳池，再向上走几分钟就是著名的五峰旗瀑布。坐在溪涧中流大岩石上，用完面包清水早餐，依妇人指示，沿溪上溯。正疑惑山里怎么会有游泳池，远远果然几名早起乡民，已脱去外衣长裤，向水中纵跳。

妇人说的游泳池其实不是游泳池，是溪涧拦腰修建的三层堤坝。溪涧陡急水势被堤坝容纳缓和，形成三个比标准游泳池还大一点的长方形蓄水库。溪水流动清澈，水势丰沛，映照蓝天，水汪汪像三块晶莹碧玉。虽然堤坝上有一米见方四个红漆醒目大字 —— "严禁游泳"，穿着内裤的乡民和光屁股小孩还是不顾禁忌，欢乐泅泳戏水其中。

我携带了泳裤泳帽蛙镜防晒乳液，可是"严禁游泳"四个字对我产生了禁止的作用。就像我们练功总要遵循法则，也许有时会羡慕妇人可以像马一样充满自信乱跑乱叫一通吧。清初画家石涛在一个心灵呆滞、到处都是框框的时代，大胆叫出"我自用我法"，他说："纵使笔不笔，墨不墨，画不画，自有我在。"

旋子，学习美术，从一丝不苟的基本训练，到有一天要走向摆脱一切规则，有一天要走向无法无天，有一天，也许经过多少艰难之后，才会领悟："美"，只是回来找到自己。

"不能游泳，就继续溯溪去看瀑布吧。"B说。

溪涧的源头就在瀑布，从蓄水堤坝的地方一转就是登山的入口。因为是清晨，除了疏疏落落几个叫卖山产的商家，没有什么游客。

石头铺的台阶越走越窄，从平缓逐渐陡峻升高。一旁的溪涧也随地势变化，在陡急的溪谷里蹿流奔腾。有时从垂直的峭壁上一泻而下，碎散成千千万万水花，如珠如玉，一粒粒停在空中回旋，像漫天的飞雪；有时急湍流入巨石包围的深洼谷地，大水流动回旋缓和，形成深潭，潭水澄静深邃，我们凭栏观看，可以看见自己的倒影在涟漪天光里晃漾。

沿着台阶攀升，越到高处，越是水声轰轰。手抓着栏杆，觉得地动山摇，满面扑来都是细如雾的飞沫。抬头看去，一条瀑布从数十米高的悬崖垂挂下来，好像可以听到水的欢呼踊跃。

"不是昨天一场那样大的雨，今天瀑布不会这么壮观。"旁边接管收集矿泉水的工人告诉我。

攀爬到最高一层瀑布，气喘吁吁，停在阶梯上，抬头仰望，近百米高度，一片大水，珠玉飞溅，山风吹动飞沫，像轻纱薄雾飞扬，在空中游移漫漶。清晨日光一线一线穿透水间，不同层次的晶莹透明，交叠迷离，我心里想：这是昨天的雨，却在此地相见了。

　　　　　　　　　　　　　二〇〇三年七月二十一日

大暑

鱼肆里的气味，混杂着咸和腥，混杂着生的辛辣和死亡的沉苦。

鱼肆

岛屿东北边汉族移民迁入比较晚，农业土地的开发看起来很完整。绿油油齐齐整整的水稻田，一片一片，垦殖在大山和大海之间，方方正正，平平坦坦，有一种土地的安稳。

大山上的居民依靠山林狩猎、畜牧养殖，沉默笃定地走在山路上。大海沿岸则依靠渔业形成一连串小小的渔港市镇。

当地的居民习惯把市镇叫"澳"。"澳"就是海岸凹入的峡湾吧，可以驶船入港，可以停泊船只，可以避风，可以卸货，久而久之，"澳"也就形成一串沿海的渔港市镇。

出海和归来的船只装卸捕捞渔获，进出港湾。忙碌的季节，船只拥挤的港湾里，吆喝声此起彼落。鱼只大篓大篓从船舷卸下，鲜活生猛虾蟹蹦跳窜逃。码头上蒸腾着欢笑吵嚷，顺着海风，大海带来浓重咸腥气味。

面对大海的人民充满了幻想，大海惊涛骇浪，危机重重，可以使人粉身碎骨；大海也充满了挑战、冒险、征服的快乐，使生命不断冲上狂喜的巅峰。

相对而言，从事农业垦殖的人民，世世代代生活在土地上，期待风调雨顺，习惯季节的秩序，比较安分，也比较保守。

车子穿越过大片稻田，从大山耸峙的山脚，一路向东，来到海滨。

一个一个以"澳"命名的渔港市镇，恰好位于新开发的观光路线上，传统贩卖鱼虾的市场改变成集体经营的鱼市。

鱼市陈列各式鱼种，蚌蛤、虾蟹、牡蛎、螺蚬，初夏艳阳，好像逼出这些大海尸体肉身最后浓烈的气味，气味像一种看不见的有毒物体，无所不在地蔓延，蔓延在空中，蔓延在我体内。

气味是不是肉体存在最后的证明？

夏日大海尸体的气味使人亢奋，气味里有一种不甘心，好像是强烈的欲望，欲望活着，甚至欲望在死亡之后还要坚持活着。

那些摆列铺排在冰块上瞪大眼睛的鱼已经死去，任凭人们拍打切割，任凭人们翻开它们的鳃，戳刺它们的肉体，它们张嘴吐舌，没有反应，不再挣扎。

但是它们确实仍然在气味里活着。

在鱼市收摊之后，我走进空空的市集。鱼贩都已离去，所有的鱼虾都已收拾干净。闷热郁燠的市集里，空无一物，什么都没有，我却被呛鼻的咸腥气味逼到难以呼吸。地面用水冲洗过，清理刷洗过后的台桌也不留一点血迹，甚至找不到一片透明的鳞片。

旋子，我不知道自己究竟在寻找什么？

我们都对存在过后的消失不甘心吗？

鱼肆里的气味，混杂着咸和腥，混杂着生的辛辣和死亡的沉苦，混杂着欲望和腐烂，混杂着存在和消失。令人窒息的气味，令人作呕，却也刺激着感官，使人没有理由地亢奋起来。

我不知道为何在这其实是屠场的鱼肆徘徊不去？旋子，我想拿起笔来画些什么，但是，如果要画，我不想画一条死去的鱼。我想画出那种气味，画出坚持在空气中不肯散去的气味。那气味四处弥漫，钻进鼻孔，扒在皮肤上，如此纠缠，如此浓烈。那气味固执不去，证明肉体真实存在过，不曾消失，也不会消失。

我看见码头上被遗忘的一条鱼，在烈日下曝晒，身上嗡集着一堆苍蝇，发出了腐烂臭味，但是，它似乎头脑里却还有一个美丽的梦，要努力游回大海。

二〇〇三年七月二十八日

大暑

从人群中出走，走向山，走向海，走向久违了的自己。

月升

从岛屿东北端渔港一路往东海岸走，开始是低平的海岸线，之后车道逐渐攀升，向上看，一边是壁立千仞垂直不见顶端的绝壁，路旁有工人正在随时清理落石滚木；另一边向下看，令人头晕目眩，是看不到底的断崖，连接着一碧万顷的大海。

车道开凿在断崖绝壁上，有时是在山壁阻绝、无路可通的地方炸出隧道。这条道路的修建，从设计到施工，充满重重困难，完成之后，又时时需要维修，工程的费心费力，可以想见。

新拓宽的车道外侧，还保留着旧的山路。许多段路基都已倾颓，成为可以供人徘徊观景的步道。停了车，行走在旧路上，可以观看绝佳的风景。背靠绝壁，面向一片无边无际的蓝色汪洋大海，眼前没有任何阻挡，海阔天空，长风几万里吹来。生命可以这样飞扬跋扈，生命可以这样孤独，又这样自负。伫立在山高水长的险峰之上，任何人都忍不住要向着大山大海大叫几声吧。

从人群中出走，走向山，走向海，走向久违了的自己。我忽然想起来，一个长达一千年的美术史，所有画里的读书人都在走向山水。

他们衣袖飘飘，披发佯狂，敝屣跣足，走向一座一座人迹不到的高山险峰。

他们走向深山大泽，走向溪涧湍流，走到水的穷绝之处，盘坐在巨石上，看云冉冉升起，看水势奔腾回旋蜿蜒而去，都在脚下。

他们抬头仰观山间飞瀑，听轰轰水声，看云岚风烟变灭。他们在"千山鸟飞绝，万径人踪灭"的孤绝之处，长啸高歌，听自己的哭声笑声在空山里回响。他们静坐松下，闭目凝神，聆听树隙间飒飒远去的秋风。

旋子，我们或许已不容易懂得那样的孤独了。

那种"独与天地精神往来"的自负，那种举杯邀明月的孤独，那种在最孤独与自负时可以只与自己影子对话的坚持。

不曾孤独过，不会读懂那一部美术史，对现世的权力和财富还有摆脱不开的贪婪，也不容易领悟一个时代，这么多的读书人走向山水的意义吧。

孤独会是最后一种对自己的救赎吗？

据说，是在几亿年间，由于太平洋板块力量的挤压，岛屿东部陆地隆起，形成大海之滨陡峻高耸的断崖绝壁。从太鲁阁大山一路绵延，像岛屿中央的一条有棱有骨的脊椎。

越过断崖，沿着东部海岸，一路向南，大海在左边，右边全是陡立的大山。山与海之间没有太多腹地，山脚斜坡上粗略开垦小片农田，豢养疏疏落落几只牛羊，简单民居房舍散置在山坡上，突显出大山大海雄壮辽阔的气度。

在一处叫石梯坪的海边扎营，青年学生们点燃起营火。用过晚餐，营火渐渐熄灭，天空星辰渐渐繁密。一片天河是千千万万颗星子密聚的光，有人轻声说："从来不知道天上的星这么多，这么明亮。"

许多人攀爬到海边孤立陡峭的岩礁上，看大浪袭来，激溅迸射，散碎成珠玉般的惊涛浪花。

不知歌声几时从激昂高亢转为消歇，正听浪潮回旋，一轮明月从海面静静升起，已是子夜，海面一道月光，由远而近，像一条路，像一条孤独者的路，仿佛可以踏月而去，一直走到天上。

二〇〇三年八月四日

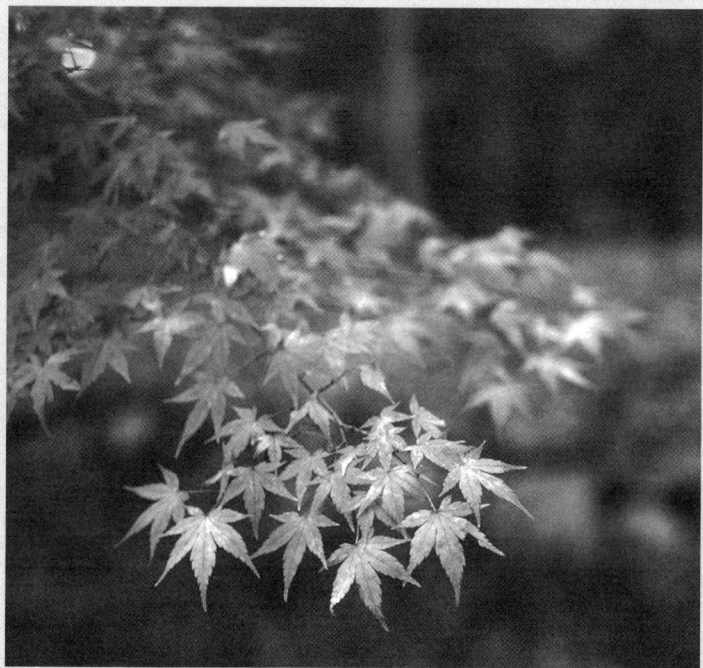

卷二

秋
时

● ● ●

曾经去过印度菩提伽耶那棵大树下静坐，冥想一个修行者曾经听到过的树叶间细细的风声。

叶 子

时序还是盛夏，或许因为几日阴雨，已有不少树叶变黄坠落，公园地上新添了一片金黄。不像深秋落叶那么繁密，有时疏疏落落几片，衬映在沙地上，特别显出叶子形状的完美。

旋子，我从地上捡起一片叶子，想要收存在用来素描记事的空白笔记本里。叶子椭圆形，放在手掌上，刚好是掌心的大小。树上的叶子，长在高处，在阳光和风里翻飞闪耀，色彩的层次和光的绚丽，使人不容易发现单一一片叶子形状的完美。

地上的落叶变成淡淡的金黄，有一点透明，托在掌心，可以清楚观察叶脉纤细而复杂的纹理组织，一片小小的叶子，竟也如此巧夺天工。椭圆形的叶子，边缘有不明显的细细锯齿。所有的锯齿朝向同一个方向，从叶蒂上端一直延伸到形状线条优美的叶尖，好像是最好的裁缝师傅的手工剪裁。

我问了公园里休憩的当地居民，他们说是菩提叶。但是和我在东方看到的菩提叶不一样。家乡的菩提叶要大得多，形状更接近心形，上阔下窄，叶尖也要比这边的菩提叶长三四倍。我喜欢菩提叶，或许与传说里佛的故事有关。曾经去过印度菩提伽耶那棵大树下静坐，冥想一个修行者曾经听到过的树叶间细细的风声。或者，树叶静静掉落，触碰大地，一刹那心中兴起的震动。冥想尽管冥想，这片叶子其实可以与故事无关的。

一个学植物的朋友常常给我比较科学的回答，他说：叶蒂纤细却非常牢固，因为要支撑整片叶子的重量。他又说：许多叶子的边缘有锯齿是来源于防卫的动机。

我起初有些惊讶，我对一片叶子形状优美的赞叹。我想用文字去歌咏的一片叶子，我想用色形、线条、质感去表现和记录

的一片叶子，在一个学植物的朋友研究的领域里却有不同角度的观察。

家乡的菩提叶的确更像一颗心形，尤其是拖长的叶尖，使人觉得是可以感受细致心事的人类心脏的瓣膜。

关于细长的叶尖，我的学植物的朋友仍有不同的解释。

他说：许多植物的叶尖是用来排水的。他补充说：尤其在热带，突如其来的暴雨大量积存在叶片上，叶片会受伤腐烂败坏；久而久之，植物的叶子演化出了迅速排除水分的功能，形状其实是功能长期演化的结果。

所以，我珍惜的叶蒂的坚定，我珍惜的叶脉如人体血管一样细密的分布，我珍惜的叶缘像蕾丝编织一样的锯齿细纹，我珍惜如同一颗心一样饱满而又如此优美、可以托在掌中的形状，我所珍惜的细如鸟羽的叶尖……都只是一片叶子在漫长岁月中通过生存的种种艰难的痕迹吗？

要多久才能演化成这样的形状？我好奇地问。他耸耸肩回答说：上亿年吧。

旋子，他的回答使我陷入沉默。

美是不是生命艰难生存下来最后的记忆？美是不是一种辛酸

的自我完成？所以美使我狂喜，也使我忧伤。打开素描本，空白的纸上拓印着这一片叶子浅浅湿渍的痕迹，像一片不容易觉察的泪痕。

二○○三年八月十一日

立秋

一个时代，有了「渲染」的审美，是开始懂得在时间里修行了。

渲 染

树叶夹在空白的笔记本里，几天以后，纸上渗透叶子的汁液，拓印出一片叶子湿渍泛黄的痕迹。

拓印的痕迹里有深有浅，有浓有淡，有湿如水墨的渲染，也有如干笔的飞白，连叶子纤细的茎脉网络也一丝一丝拓印了下来。

细如发丝的线条和晕染的水痕，像一张最好的水印木刻小品。书法美学里常常说"屋漏痕"，便是指水在长时间里沉淀渗透的痕迹吧。小时候在水塘里发现被浸泡久了的落叶，经水腐蚀，一片叶子只剩下透空的叶脉，迎着阳光看，像蜻蜓的翅翼，在风中微微颤动。童年时刻因此多了一项秘密的游戏，常常选择一些自己喜欢的树叶，浸泡在不容易为人发现的水塘或水沟角落。下了课没事就跑去检查，把叶子从水里捞起来，看看腐蚀的情况。看完之后，重新放入水中，上面覆盖伪装一些水草，用石块围护住，以防备来水塘收获茭白笋和荸荠的农民不知情，一不小心刈除破坏了这一方小小的私密花园。

日复一日，经过耐心的等待，总要大约一个月，腐蚀才够完全。

叶片腐烂的部分随水流去，剩下干净清晰的叶脉，用纸吸干水分，在通风的地方充分干燥，一片叶子美丽的茎脉纹理就都显现了出来。

我童年的书页里夹着许多自己制作的这种叶片，也当作礼物，送给当年要好的玩伴朋友。

我没有上过什么美术课，我的美术课大多是在大自然里自己玩耍游戏的快乐记忆。

宋代以后，绘画里常常用到"渲染"一词。说到"渲染"，一般自然会联想到水墨的技法。

墨色凝固在绢帛或纸面上，原来是一块死黑。经过水的渗透，经过湿润的毛笔笔锋一次一次的晕染渲刷冲淡，墨色和纸绢的纤维渗透交融，颜色和质感都仿佛有水介入，发生了莹润的光的层次变化。

　　"渲染"是说水的渗透，"渲染"也是说时间一次又一次地经营琢磨。

　　许多好的宋画，无论色彩或水墨，都看得出来，层次的丰富至少要经过十数次"渲染"，才能如此晶莹华美。

　　我的大姐画工笔花鸟，画画的时候，一定有一支饱含清水的毛笔。上了颜色之后，即刻用清水笔渲洗一次。再上色，再渲洗，一次一次，如此反复十余次至二十次。

　　颜色褪淡成玉的质地，颜色不再是纸绢上一层表面的浮光，颜色渗沁成纤维里的魂魄，颜色被水漫漶散开……纸绢上一片叶子，一朵花，仿佛只是颜色回忆的痕迹。

　　艺术里的美，常常并不是现象的真实，却是真实过后的回忆。

　　回忆，需要时间的渲染。知道有一天，所有的现象都只是回忆，繁华也就耐得起一次一次的渲染了。

　　"渲染"或许不只是绘画的一种方法吧，一个时代，有了"渲染"的审美，是开始懂得在时间里修行了。

　　偶然翻开儿时的书页，还会不经意发现一两张昔时制作的叶片。茎脉迷离婉转，书页上一圈泛黄的拓印。初看起来，误以为是叶片的影子，我拿开了叶片，痕迹还在，才知道不是影子，是叶片在岁月里把自己永远拓印在书页上了。

二〇〇三年八月十八日

处暑

他们每次走过这座桥都感觉到城市的美丽，河流的美丽。

新桥

　　黄昏的时候，许多人在河边散步。这条河，自东向西，流入大海，把城市分成南北两半。当地人称北边为右岸，南边为左岸。城市最早的范围只是河流中间的一块沙洲。在战乱纷扰的欧洲中古时代，人们来沙洲避难，在沙洲外围建筑了城堡。城堡四面环水，形成天然的护城河。敌人不易入侵，又方便居民无限量取水，饮用或灌溉农田，喂养牲口。河之中流的一片沙滩地，具足了人类聚居的条件。居民渐渐多了之后，给这片沙滩地取了一个名字，叫"Cité"，直译也就是"城市"的意思。

生活安定之后，人民庆幸苦难已经过去，感谢上天庇佑，赐予平安与富足，祈求从此远离疾病战争……公元一一六三年，城市居民决定在沙滩中央修建一座祀奉圣母的教堂，渴望像母亲浩大之爱一样的神恩，可以长久驻留呵护这座城市。

一千年前修建的圣母院有两座高高的钟楼。钟楼面西，黄昏以后，西斜的金色夕阳照亮教堂正面。因为纬度的关系，夏季的黄昏时间拉得很长。从午后五六点钟开始，教堂下层的三座尖形拱门被夕阳照亮，八点钟左右，夕阳移照到拱门上方的玫瑰花窗。九点以后，最后的一点阳光闪亮在钟楼的最高处，慢慢褪淡消逝，宣告入夜的钟声在城市上空回响。

旋子，通常这个时候，我正开始入夜前一次习惯性的散步。我正走到教堂广场前，看到广场地面嵌入一个用黄铜铸制的"0"的标记，这就是城市的零坐标。城市从这里开始，城市的时间从这里开始，空间也从这里开始。这一个"0"，仿佛是树木年轮的中心，城市逐年从这个小小的中心向外扩大。

十四世纪左右，河流中间的这一片沙滩地已经是繁荣的城市。

原来孤立在河流中央的岛，修建了好几条木制的桥梁。桥梁通向两岸，通向右岸，也通向左岸。城市的范围向两岸扩大，一公里、二公里、三公里……城市不断有新的空间坐标。但是不管城市的年轮如何扩大，中心点永远在教堂的广场上，在那个黄铜铸制的"0"的标记的位置。

十六世纪以后，城市的版图越来越大，人和车辆骡马频繁来往，桥梁的负载量逐渐不堪负荷。于是在一五七八年决定，在 Cité 岛的西部尖端，修建一座同时连接右岸也连接左岸的十二拱石桥。石桥在一六〇四年完成，桥的两侧，沿着护栏设计了圈拱形的座椅。桥梁除了原来运输交通的便利，也多了使人可以坐下来休憩、停留的功能。坐下来，可以眺望城市风景，可以俯瞰桥下夕阳在水光里潺湲流去，可以无所事事地沉思冥想。

城市居民喜爱这座美丽的"新桥"，他们携老扶幼来看"新桥"。他们每次走过这座桥都感觉到城市的美丽，河流的美丽。这座桥梁从建好开始就被称为"新桥"（Pont Neuf）。四百年来，河流上陆续建了许多更新的桥梁，但是这座桥已经是城市居民心中永远的"新桥"，是城市历史里永远的"新桥"，是在美的记忆里永远无法取代的"新桥"。

旋子，我此刻坐在石桥边的护栏圈椅上写生，将近十点钟，夕阳的光在很远很远的城市西边的尽头微微闪动，在新建的一幢幢玻璃帷幕的现代大楼间闪动，那里是城市年轮最外围的一圈，离"0"坐标已经很远。

二〇〇三年八月二十五日

处暑

人们匆匆开车疾驶而过，对河流视若无睹，也看不到自己生命的源远流长。

沙滩

旋子，新桥两侧都有阶梯，可以一直走下去，亲近到河边。河边的堤岸并没有阻隔城市和河流的关系，相反地，堤岸和阶梯的设计，处处都在引导人走向水，靠近水。走向河边，在河边坐下来，或者读书，或者发呆，或者沉思，或者静静看着水面上的日光或月光，一波一波慢慢流逝。当地的人叫这条河流 La Seine（塞纳河），声音听起来联想到"宁静""安详""悠长"或"和缓"。

阅读这个城市的文学、美术、音乐、建筑，都要不断回到这条河流。多少诗人留下咏叹河流的诗句，成为文学史的重要部分。多少画家画下了河流两岸的风景，多少音乐作品里灌注了河流的潮汐波光，多少横跨河流的桥梁设计成为建筑史上重要的标志。

河流最初的功能是饮水、灌溉、运输、防卫。工业革命之后，河流的这些功能逐渐不明显了。

许多粗暴的城市因此遗弃了河流，谋杀了河流。垃圾废物填塞污染河流，用高高的水泥堤防封死河流。城市居民看不到河流，感觉不到河流的存在。一个喂养城市长大的母亲，遭遇到最无情的弃养的悲剧。

十九世纪以后，这个城市有很大的变化。工业带来人口暴增，城市空间不断扩大，新的捷运系统密如蜘蛛网，地面上的公路、铁路不断增加，城市却还是越来越拥挤壅塞。

城市越拥挤，居民心情越烦躁，越没有耐性。"速度"，越来越快的速度，变成现代化城市标榜进步的指标。

原来提供市民休憩沉思的河岸空间被粗暴地占领，改变成环河的快速道路，城市居民开车呼啸而过，没有人去感觉河流的宁静、安详、悠长、和缓。

"上善若水，水善利万物而不争"，古老哲学从凝视河流得来的生命智慧被遗忘了。人们匆匆开车疾驶而过，对河流视若无睹，也看不到自己生命的源远流长。

旋子，这一段被改成环河快速道路的河岸一直是我散步时刻意避开的地方。那些快速驶过的车子轰轰的声音，使我不自在，使我焦虑紧张，无法悠闲恬静。

其实这一段河岸是河流最美的部分，从新桥一直到圣路易岛（Île Saint-Louis），也是城市最早发展的中心。

旋子，我今天散步的终点是圣路易岛。从圣路易岛向北绕回河流的右岸，我看到一个使我快乐起来的画面。那一段长期作为快速道路、使人不能靠近的河岸被封闭了。我走近去看市政府张贴的海报，上面说明：七月十九日到八月二十日，一个月的时间，快速道路将要封闭。长达三公里左右的公路，将由市政府负责铺上细沙，布置用大盆景种植的热带棕榈树。

公路将在一个月间被改装成"沙滩"，河岸重新变成沙滩，河岸重新邀请人们靠近它。沙滩上将设置上千张躺椅，提供给市民躺下来读书、晒太阳。市政府聘请了艺术家定期在河边教儿童堆沙堡，青少年可以尽情在没有汽车的河边玩直排轮滑，玩滑板，骑自行车；祖父祖母可以无所担心地牵着小孙儿的手在河边散步。

河岸沙滩重新还给了居民！

这整个市政计划就取名叫"沙滩"（Plage），海报上是一个小孩的光脚丫轻轻踩踏在沙滩上。旋子，一个进步的城市，也许不是只在追求越来越快的速度；一个进步的城市，也许要努力重新找回人类已经遗忘了很久、赤脚踩踏在沙地上的古老记忆。

二〇〇三年九月一日

白露

我一时恍惚，
不知道眼前是哪一个夏天。

眼 前

沿河边种植了一排大树，高十余米，与路边的楼房齐高。总有一两百年的树龄吧，树干粗壮，一人不能合抱。

在夏季，枝干高处不经修剪，四处伸展，两边的横枝，在马路中间连接交柯。

整条路在层层树叶的荫庇下，绿意盎然，好像加了一张巨大的绿色伞盖。

经过树叶筛滤后的阳光，摇摇荡荡，金色和绿色混合着幽微的光，在走过的行人身上脸上晃漾着。那些椭圆的、菱形的、三角的、梭形的，像蛇一样蹿动闪烁的光，像极了油画里的笔触。风一阵吹过，笔触就像浪涛波动，不断撤换颜色和光影，有千百种的变化。

　　我坐在路边短堤上，看这一张不断修改变幻的画幅。我没有动笔，没有画布、颜料，没有任何工具，我只是坐着看千百张画，在眼前形成、存在、消失、变幻。好像在看魔术万花筒里刹那间千变万化的繁华，也像在看夜晚天空突然爆放的烟火，在众人刚刚惊叫起来的声音里，华丽灿烂瞬间消逝。

　　真正的繁华，我们好像从来没有看清楚过。警觉到繁华，惊叫起来，繁华已经逝去。

　　我坐在空白的画布前面，好像要用一生的时间，努力去回忆一次刹那即逝的繁华。那些金色和绿色的光影一一浮现，那些生成幻灭，那些瞬间惊叫起来的欣喜，那些归于沉寂的失落和怅惘。

　　路边沿河有短堤，堤面近一米宽，坐卧都适宜。有树荫遮蔽，夏日酷暑，也有人躺在上面小憩，享受一个幽静甜美又慵懒的午睡。

　　短堤内侧，一路都是售卖旧书的摊贩。据说这些书摊存在历史已经很久。一个城市时间久了，阅读的人口够多，慢慢地自然就累积许多年份久远的书籍、报纸、杂志，乃至于旧时代印刷的明信片、海报、照片，某些人留下来的零星手稿、信件，等等。

逛旧书摊的人和买新书的心情动机都不太一样。久而久之，沿河两边的旧书摊变成城市风景的一部分。十九世纪以来，许多以城市河流为主题的风景画，画中都可以看见这些旧书摊的存在。

书摊经过统一规划，在河堤上制作成规格一致的木箱。每一个木箱大约长两米，宽度和高度都接近半米。木箱油漆成墨绿色，箱盖打开，变成上下两层，可以用来陈列书籍。

入夜以后收摊，把箱盖重新盖上，盖子装设了锁扣，可以加锁。整个木箱固定在石头的河堤上，也不怕被拿走。书摊的主人因此十分便利，早上来了，只要打开箱盖，晚上离开，也只要盖上盖子，上了锁就走。夏天这些摊贩也常去度假，一走半个月以上，许多书箱就一直锁着，不怕有什么遗失。

没有去度假的零星书摊，成为沿河游客停栖的所在。他们也在树干间拉了铁丝或绳子，在绳子上用夹子夹了很多复制画或老旧的印刷品，迎风飞扬。

我随意翻看一堆陈旧的风景明信片，有的是黑白摄影，有的在黑白照片上用手工染色，效果十分特别。大多是一九四〇年代的老照片，我看到了这条河，我看到了这段河堤，我看到了堤边一排大树，我看到了河堤上的书摊，我看到了那一个夏天的光影，手工染的绿色，像一个不真实的梦。我把明信片在河堤上摆成一排，对照眼前的风景。书摊主人走来，向我微笑说："你有找到我吗？"

我一时恍惚，不知道眼前是哪一个夏天。

二〇〇三年九月八日

白露

整个夏日，城市上空到处都是种子在飞。

翅 果

空中有一些东西在飞，旋转、飘扬，随风起起落落。

抬头看去，是从大树的顶梢，一点一点，向下坠落。坠落的速度很慢，有时候会停在空中回旋，好像在思索飘动的方向；有时候会静止在原地，停留一会儿，浮浮荡荡，等一阵风来，又随风飘去远方。

有一些飘落到我的头顶上方，我用手去抓，抓在手里，细看是青绿色的种子。绿豆大小，圆圆的一粒，带着两个像螺旋桨般的翅膀，静静躺在我的掌心，像沉睡中的婴儿。

整个夏日，城市上空到处都是种子在飞。有的像细细的棉絮，扑头扑脸飞来，细小又轻，在风里翻转，沾惹在头发上、眼睫毛上。觉得扰乱人，用手去拂开，却又什么都没有。轻轻扬扬的飞絮，在风中一转瞬就无影无踪，早已不知又飘荡去了哪里。

好像总是有感伤的行人，停在春天的大树下发呆，看漫天扑来的飞絮，不知如何是好。

我不知道夏天也有飞絮，也有种子漫无边际静静洒落。

果然有行人停住，抬头仰望，举起手掌去承接。种子也仿佛听人召唤，温驯如鸟，带着螺旋桨翼的翅膀，静静旋转，降落在行人手掌上。

种子依靠风来传布，像空中的飞絮，细小到不容易觉察，甚至也意识不到这样飘浮的游丝竟然是种子。小时候玩过蒲公英，拿到口边一吹，细细的种子就一片飞去。我知道也有一些植物，像枫香，有翅翼帮助种子飞离母体，叫翅果。

生命用各种形式完成繁殖蔓延，有的用鲜艳的色彩、充满诱惑的香气来引诱昆虫传播花粉；有的靠风的飞扬四处散布，有的靠水漂流；有的隐藏在甜美的果实里，等待人们吃食完毕之后，把种子丢弃在土中生长。

一个朋友告诉我：鸟类啄食种子，种子在鸟腹中没有被消化，随粪便排出，种子借鸟的飞翔被带到很远的地方去，而且同时得到鸟粪这样珍贵的有机肥料帮助成长。

生命在大自然中冥冥间有一种不可思议的因果，仿佛小到一粒种子，都能够有清楚的生存意志，会努力演化出最恰当的方式来完成自己。

孔子是哲学家中非常关心"种子"的一位。他的哲学围绕着"仁"这个核心主旨在发展。在漫长的历史发展里，"仁"被太多理论学说包装，变得越来越复杂难解。

"仁"在民间的语言里，其实就是"种子"。

嗑瓜子的时候，在坚硬的外壳保护下，里面藏着柔软的瓜子仁；"仁"也就是种子发芽的部分。花生仁、杏仁、核桃仁，民间在最日常的生活语言里仍然保留着"仁"这个字的原始意义。

孔子对"仁"最贴切的解释，也许是"生生"吧。生命必须生长，文字这样精简，生命专一于生长的意志也单纯没有杂念。

此刻我手掌上躺着一枚种子，这枚种子如何会发展出两侧像螺旋翼一样的翅膀？它借着这翅翼可以飞离母体多远？这一对翅翼可以帮助它找到更适合生存的土地吗？

旋子，我觉得自己像一棵大树，根牢牢地生长在泥土里，种子却已随风飘飞去了四方。种子是被祝福飞到母体更远的地方吧！

抬头看去，满天无边无际的小小种子，带着它们轻轻的翅翼，在风里游荡、飘浮、起落、旋转，仿佛许许多多欣喜雀跃的新的生命。

我把手掌一扬，原来停在我掌中的一粒，也即刻随风飞起来，旋转着翅翼，参加到这夏日空中浩大的嘉年华中去了。

二〇〇三年九月十五日

白露

也许我们应该闭起视觉的眼睛，让心灵的眼睛有机会张开。

看见

从岛屿北部一路南下，沿路风景都在改变中。

我靠在火车车窗边睡着了，火车行驶中平缓规律的节奏，好像一首熟悉的歌曲，空咚空咚，重复的韵律催人入梦。慢慢地进入了视觉懵懂的境遇，可是另一种思绪，相对地，却又异常清醒起来。好像在睡梦的窗口，忽然睁开了另一只不常张开的眼睛，看到了平常不容易看见的事物。

我看见了山峦上慢慢移动的云的影子。很绿很绿的山峦上一块暗色的阴影，像人体身上的胎记，好像暗示着一个我们已经遗忘了的过去。所有山脉的起伏凹凸，也因为这块云影的移动，显现出极优美丰富的婉转曲线。

　　山峦是倒卧下来的人体的一个局部，我仿佛看见了古代神话里描述过的情景。开天辟地之后，创世纪的大神耗尽了气力，倒下来死了。他的肉体转化成了丰厚肥沃的大地原野的土壤，他的骨骼转化成了峻嶒的山脉丘陵岩石峭壁；他的血脉流成了奔腾汹涌的长江大河，他的毛发丛生成深暗幽谷里的苔藓草丛树木；他的左眼变成了太阳，右眼变成了月亮；他最后的泪水流成雨季潺潺不断的雨滴；他口中最后呼吐出的一口气息，停留在空中，成为飘移在蓝天上久久不肯离去的一朵云……

　　旋子，长久以来，许多绘画的人想画出那一直停在睡梦窗口的一朵云影。想画出它的洁净、轻盈，想画出那种悠闲与缓慢的律动，想画出在光的变化里层次丰富的白，想画出它在瞬息间形貌不可思议的幻化，想记住它，记住在睡梦里看见、却总是在清醒时遗忘了的种种。

　　我不想清醒，我在睡梦的窗口，张大了眼睛，看着那朵云在山头慢慢移动的影子，拒绝醒来。

也许我们应该闭起视觉的眼睛，让心灵的眼睛有机会张开，有机会引领我们去看见另一个不同的世界。

我感觉到车窗外斜射进来的刚刚入秋的阳光，拓印在我手肘和面颊的一部分。是暖金色的亮光，随着车子晃动的角度忽强忽弱。阳光的金黄里渗透着那朵云的影子，渗透着铁路两旁大片稻田的浓绿，渗透着遍布鹅卵石的溪床里流水的反光。

火车进入隧道，阳光隐藏在山洞外。车轮和轨道摩擦的声音被逼得很窄，山洞里都是回声。在一个悠长阒暗的黑洞里，我睡梦中所有可以睁开的眼睛都打开了。我看见了很细微的光，在山洞的石壁上闪动。视觉里并没有绝对的黑，心灵的视觉里也没有绝对的黑暗。

黑暗里都是光在活跃，的确像是在看伦勃朗的画，初看都是黑，静下来多看一分钟，就多发现一道光。

十七世纪的伦勃朗是在蜡烛的光、火炬的光里画画的。他也观察从黎明到日落的光，观察日落到月升的光。在北国幽暗的冬天，他专心凝视夜晚雪地上一点点不容易觉察的光，专心到疲倦了，他闭起了眼睛。

我总觉得，在闭起眼睛之后，伦勃朗才看见了最美的光。那些光流动在衰老母亲翻阅经书的手背上，手背上都是皲老的皱纹，皱纹隙缝暗处饱含着细细的光。

　　这个睡梦里的幽深隧道好长好长，我睡去的肉身上，张开一个一个的眼睛，充满好奇地探视着四周，我看见山壁上蕨类茎叶在风过处颤动，我看见石缝里渗出水滴，我看见一些微细的沙尘在空中翻转，我看见云变成了山峦的胎记，带着山一起流浪。

二〇〇三年九月二十二日

秋分

听到一声特别悠长高亢的蝉鸣。

我抱着一堆心形的外荚，

苹婆

放暑假的校园，没有什么人，花都落尽了，觉得到处都是绿树浓荫。

躲在浓荫里的蝉，嘶嘶不断的嘹亮叫声，越发显得四周空旷寂静。

夏日午后，只是一片慵懒困倦，好像一个花季，繁华去尽，剩下不太确定的回忆，剩下梦，剩下梦的魂魄。

我随兴往校园深处走去，好像是要走到恍惚的边界，走去梦的尽头。心里犹疑，不知道梦的尽头，是不是清醒。

　　地上掉落许多心形的硬壳，壳很厚，外层暗赭色，包裹着质地粗而强韧的纤维。心形内部中空凹入，摸起来，像人的皮肤，有细致的褶皱。形状像一个安全密闭的城堡，像一枚坚硬贝壳的内里，也像雌性动物的子宫，造型看起来如此温柔慎重，可以承受孕育胎儿，可以包容呵护幼嫩生命的成长。

　　路的两边都是相同的树种，高四五米的乔木，树叶很大，叶片像手掌一样分布开来，结构成浓密的绿荫。

　　我在树荫深处寻找，果然密藏着硕大的果实。果实五颗结在一枝蒂上，每一颗都有桃子大小，桃尖的地方向上。因为果实的绿色和树叶相近，不仔细看，不容易觉察。

　　沿着一条路，满地都是果实的硬壳。我捡了许多，拿在手里。遇到过路的人就问："这是什么果子？"一个骑自行车的孩子说："ping-pong。"不等我细问，骑着车，一溜烟跑了。

　　我不知道"ping-pong"是哪两个字，继续走下去，发现这些厚实的心形是种子的外荚。外荚成熟裂开，里面有许多暗黑色的种子，像花生仁大小，一粒一粒从高处散播下来。我拣了几颗，搓开黑色外皮，里面是米黄色的果仁，颜色质地形状都像花生。有点想放进口里尝尝，怕有毒，还是不敢试。

我抱着一堆心形的外荚，听到一声特别悠长高亢的蝉鸣，抬头去找，没有看到蝉，却发现绿色浓荫里有一点怵目的艳红，细看才知道正是成熟了的果荚。

原来果实成熟的时候，从绿转红，转成令人心惊的艳红色，好像这样饱满的血色才能布告新生命的诞生。

桃实大小的果子上本来就有一道裂缝，和桃实可以掰开的裂缝一样，等果实转成熟透的艳红，裂缝就爆裂张开，一个完整的桃形张开成倒着的心形，把种子撒播出去。

种子散布的工作完成，果荚的艳红色逐渐衰退，变成暗赭色，也从湿润变得干枯，不多久，风一吹过，就纷纷坠落。

有人散步走过，看我满怀抱的果荚，笑着说："种子可以吃的，街上有的买。"

"是吗？"我即刻问，"这是什么果子？""苹婆。"那人也拾起一束果荚，补充说，"苹果的苹，外婆的婆。"

方才骑自行车的孩子说的"ping-pong"就是"苹婆"吗？我有些疑惑，以前在博物馆看过宋人著名的工笔册页《苹婆山鸟》，那画里的"苹婆"是一种像苹果而略小的果子，和眼前这果荚完全不同。

我不死心，问了另一个过路的人，她说："这是掌叶苹婆，你看树上的叶子，不是一片片都像手掌吗？可是当地方言都叫'ping-pong'。"

我想：也许因为发音相近，又现成有"苹婆"两个字，就方便移来用了。

旋子，我把那坚韧的果荚握在掌中，像握着一颗心。那形状如此完美，好像是我在母胎里最初的记忆，我蜷缩着，在一个柔软慎重的空间里，还看不见，还听不见，但是如此被呵护，知道天地间有了自己。

二○○三年九月二十九日

秋分

秋天是从水面上来的，
水面上混浊的光一日一日沉淀下来。

秋 水

蝉不停叫啊叫啊，拖着长长的声音的尾巴，声音越来越弱，季节就逐渐入秋了。

旋子，要怎么告诉你秋天已经来了？

城市里的人感觉不到秋天已经来了。城市里的人过中秋节，打着赤膊，穿无袖麻纱背心，吹着风扇冷气，一口一口吃月饼，一面抱怨：热死人了。推开窗，行道树的叶子绿浓浓的，一片也没有掉。

秋天在哪里？城市里的人觉得：秋天只是一个季节的名称，没有具体的内容。

但是，旋子，秋天真的来了。

我靠在窗边看河面上的水，没有风，水面上颤动起了一阵粼粼的细微波光，好像有人轻轻踩着水面上的光一步　步走来。我想起曹植《洛神赋》里的句子，"凌波微步"，他也是看到了秋天从水面上缓缓走来吗？

我把面河的十二扇窗都推开了，窗外的河像一幅长卷一样展开。河的对岸是一带蜿蜒的山丘，山丘的棱线倒映在水中。秋水澄明洁净，像一面明亮平滑的镜子，又像一片全新细白的绢，山峦的倒影落在上面，正好像一块墨晕，四周都是留白，只差钤上一方红色印章，就是一幅山水了。

秋天是从水面上来的，水面上混浊的光一日一日沉淀下来，河水变得透明清澈，像一张白纸。视觉上繁杂的东西消退了，形象变得很单纯。山和水的轮廓都比夏日更清晰。夏日的山水都雾蒙蒙的，入秋以后，山水都沉淀出宁静的光。山峦沉淀出墨绿的光，河水沉淀出天空碧蓝无杂质的光。自古以来，许多人都感觉到了"秋

此 时 众 生   084

光",许多人为秋天的光写诗,许多人为秋天的光作歌谱曲,许多人把秋天的光记录在戏剧电影里,把秋天的光比喻为人生步入中年的心境……我冥想着秋光的种种,记起小时候读过的唐诗句子,"银烛秋光冷画屏",秋天是带着幽微迷人的光来的吗?

我的窗户面向正东,早上起得早,可以看到日出。太阳从河对岸的山头升起,墨黑的天空拖着一带长长的彤云,红紫色,和傍晚的霞彩不同,没有那么多变化,但是,更明亮,更笃定,朝气蓬勃,是要宣告黎明的初始了。

入秋以后,日出的光偏斜了,从偏南的角度照射进室内。偏斜的光仿佛没有夏日那么急躁,一寸一寸在室内徘徊,移动得很慢,我看到早晨的光已经慢慢移到了窗外,就停了工作,坐在窗台上看水。

原来系在岸边木桩上的小船,不知道是谁解开了缆绳,小船随着上涨的潮水漂浮起来。潮水打在堤岸上,澎澎湃湃,一波一波,是海水涌进河口的浪潮,声音低沉而持续。海水涌进来的速度很快,不多久便可看到海水和河水交界的潮线。潮线是横断河面一条长长的弧形曲线,很清楚的分界,一边是蓝色的海水,另一边是比较混浊的浅黄绿色的河水。涨潮的时候,潮线往上游的方向推移，潮水向两岸汹涌，河的中央反而平静，可以看到随海水进来的鱼群，一只一只向上蹿跳踊跃，离水可以达一米多。鱼跳起来的时候，带起一朵小小的浪花，银白色的，停在空中，浪花此起彼落，跟随弯曲的潮线向上游挪移。

潮水渐渐涨满了，我窗台下原来裸露的河滩，此刻来来回回，已是一片回旋摇漾的秋水。没有缆绳牵系的小船，越漂越远，变成秋天宽阔明亮河面上一个小小的黑点，好像可以这样无目的无方向，可以这样漂流去天涯海角。

二〇〇三年十月六日

寒露

我在窗边向空白的秋水长啸一声。
长啸的尾音在水波上连续震荡。

回声

庄子在《秋水》一篇里说："秋水时至。"文字一开始就让人感觉到一条宽阔清澈的河流，从远处流来，在入秋的幽静里不疾不徐缓缓徜徉。因为河面宽阔，两岸的景象都显得渺小。庄子说的"不辨牛马"，是说空间距离辽阔，到了分辨不出牛马的形状。我想，他其实是用委婉的方法提醒我们视觉的限制吧。

我坐在窗台上看窗前秋水，看到一条解开缆绳的船越漂越远，远到变成一个黑色小点，远到最后看不见了。我想到庄子形容的"泛若不系之舟"，我们总是把船绑系在可以看见的眼前，或许"秋水时至"，这条船，不在我眼前，却可以随水流去了天涯。

我们的视觉究竟能看多远？我们的眼睛究竟能辨识多么细小的对象？

东方和西方都有过手工极巧的巧匠制作纤细的艺术品。在米粒大小的象牙上雕一整部《心经》或《赤壁赋》，用放大镜看，比毫发还细的线条流畅婉约，不输名家书法。荷兰十七世纪盛行静物写生，桌子上一只盘子，盘子里一条鱼，鱼遍身鳞片，鳞片上细细的反光，停着一只苍蝇，正搓手搓脚。

巧匠的艺术挑战视觉的极限，也挑战手工技巧的极限，像运动员挑战速度或高度的极限，一旦超越了难度的极限，会引起旁观者欢呼惊叫。

今天的秋水显然没有让我欢呼惊叫，我只是看到一条解缆而去的船，越漂越远，远到不见，我因此知道了自己视觉的限制。

除了视觉的极限，或许还有心灵感知的极限吧。

那个越去越远的黑点，我知道是一条船。如果在黄公望的《富春山居图》长卷里，船只是空白里的一条墨线。船不一定是精细视觉的辨识，船可以是秋水空阔澄净的视域里一个小小的黑点，不是我们看见的存在，而是我们理智知道的存在。

我们可以做一个实验，把视觉里可以辨认的对象逐渐拿远，远到一个程度，对象无法辨认了，视觉到了临界，视觉绝望了。但是在视觉绝望的边缘，也许正是心灵视域展开的起点吧。

视觉绝望，却使人领悟：我们自豪自大的视觉，还有多少看不见的东西。

一条船，不用退多远，视觉上就只是一个黑点了。一座山需要退到多远？一片秋水需要退到多远？因为庄子，许多画家从视觉的巧匠慢慢过度成心灵视域的追求者；从得意于欢呼惊叫的技巧极限，一步一步，领悟到技巧的极限距离美的沉静包容还很遥远。

他们知道了视觉的极限，他们懂得了在天地之间的谦逊。他们开始退远，退远到看山只是墨晕，看水只是留白。他们舍弃了欢呼惊叫的快乐，他们像秋水里原来自大自傲的"河伯"，来到了出海口，看到面前海洋之大，不可思议，才知道自己所知甚少，只有"望洋兴叹"。

因此山水长卷里，船可以谦逊到只是一个小点，一条墨线；山也可以只是一小块淡淡的墨晕，至于秋水，当然可以不在意是大片大片的留白。

　　旋子，我在窗边向空白的秋水长啸一声。长啸的尾音在水波上连续震荡，一直传到对岸。对岸刚好有一列捷运，向城市的方向驶去。尾音在风中回旋打转，部分被车声淹没，部分继续向前传送到对岸山谷。山谷被声音充满，树梢草丛流泉石隙都起了回声，连昆虫薄薄的翅翼也鼓动起了回声。

　　我静静等候，知道所有的回声都还在秋水上徘徊。

二〇〇三年十月十三日

寒露

害羞谦逊的花，好像对自己
这么不像花充满了歉意。

栾树

在河边散步，看到沿路种了一排栾树。

这几年城市里许多街道采用栾树做行道树，有人特别强调是"台湾原生种栾树"，但是不知道为什么过去并不多见。

《山海经》《白虎通》这些古籍里都有栾树的记载，但大约两千年前的文字，描述笼统暧昧，很难断定是不是同一种植物，或者只是同名而异物。

明代李时珍《本草纲目》里有"栾华"一项，讲得比较详细："栾华生汉中川谷，今南方及汴中园圃间或有之。叶似木槿而薄细。花黄似槐而稍长大。子壳似酸浆，其中有实如熟豌豆，圆黑坚硬，堪为数珠者。五月六月花可收，南人以染黄，甚鲜明。"

　　台湾的栾树也是开黄花，花期不在五月，而是在十月入秋之后。

　　我散步的时候，低头看到地面铺满一片细碎的黄色落花，抬头看，才发现是一排栾树。绿色的树梢迎风摇曳，顶端正盛放着一丛一丛黄色的花。每一朵花只有小指尖大小，细细的黄色花瓣，花萼一点红。颜色鲜艳，但是因为细小，并不明显。一簇一簇，从茂密的绿叶丛中升起，不仔细看，会误以为是刚抽长出来的嫩黄新叶。每年十月，栾树开花，青黄交错，许多人都错过了它的花季，直到从树下走过，看到遍地落花，才惊觉到栾树的花期已过，花落处已萌生了疏疏落落几颗艳红的蒴果。

　　和容易被错过的黄花相比，倒是栾树艳红锦簇一般的蒴果引人瞩目。十月中旬以后，像火一样在栾树顶端燃烧起来的艳红色，红绿相衬，颜色对比，特别醒目，使人驻足，使人流连徘徊。有人以为那红色的蒴果就是栾树的花，在树下叫着："栾树开花了！"呼朋引伴来看，也有人瞪了那人一眼，纠正他说："不是花啦！是蒴果。"

黄色的花，夹在青绿色的叶子中，青黄产生谐和，色调不强烈；艳红色的蒴果和青绿一对比，红色却立刻跳了出来。栾树的蒴果比花更受到注意，恰好用的是色彩学上的对比法。

有些植物的花特别艳丽，好像要宣告强烈的交配欲望，鲜艳的色彩、奇特的形状、浓郁的香味，使花的存在被凸显出来。花的交配完成，好像一切激情骚动都沉淀了，果实反而显得比较安静满足，像一个怀孕的妇人。栾树刚好相反，花显得沉静，而果实却艳红一片，如火炽热。

十月走过有栾树的街道，一簇簇像火燃烧的艳红蒴果，高高盛放在绿树顶端，像一顶华丽绚烂的冠冕。栾树的叶子狭长，像桃叶而略宽，叶缘有锯齿，两片两片叶子互生，枝条向四面纷披垂下，越发衬出蒴果向上簇拥在顶端的华丽热闹。连续几年观察栾树，每到十月初，就不会错过栾树的花期。站在树底下，仰头看树叶丛中抽出一簇一簇的花，害羞谦逊的花，好像对自己这么不像花充满了歉意，好像要努力把自己隐藏起来。花期也很短，没有几天，秋风一起，黄色细碎的花片一瓣一瓣掉落，在地面随风翻飞，不多久就无影无踪了。

十月中旬前后，花陆续飘落，花落处，在花蒂的地方生出一枚蒴果，艳红色，三瓣三棱，像一枚小小杨桃，把瓣膜打开，里面密藏着一粒一粒圆圆的黑色种子。

　　没有落尽的黄花，搭配着新结成的红色蒴果，衬托在一片绿叶丛中，叶绿花黄果红，层层相映照，使南方热带的岛屿也有了些许秋意。

二〇〇三年十月二十日

霜降

潮声

在窗台边看河，原来只是偶然。看书眼睛累了，或工作疲倦了，泡一壶茶，椅靠在窗台上，喝茶，看河水，也休息。

慢慢地，日复一日，我坐到窗台边的时间好像有了一定的秩序。后来才发现，秩序最初形成，似乎是随潮水上涨而来。

我埋首读书或工作，专注在画画或写作，忽然听到原来安静的窗外起了一阵骚动。仔细听，好像霎时间风起云涌，好像千军万马蜂拥而来，一种低沉浑厚的声音，夹带着巨大澎湃的力量，一波未平，一波又起。好像从大地河谷里激起了不安的骚动，好像无处宣泄的热情，好像要满溢出来的郁闷，冲突激撞，四处寻找出口。

　　那种蕴蓄着巨大力量的声音，使我无法安心平静。我丢下手边的工作，走到窗口。我看到墨蓝色的海水，一波一波汹涌进来。争先恐后，接连不断，向两岸推进。原来裸露的黑色河滩，一段一段被潮水淹没。河滩上本来有一条条低洼的小沟，此刻潮水就从这些沟道涌入。充满了沟道之后，再继续向四面蔓延。很快地，宽达十几米的河滩，即刻就被潮水弥满。潮水继续上涨，一波一波打在堤岸上，卷起浪花，声音更是澎轰壮大，好像要掀天动地。我坐在窗台上，看波澜壮阔，看海与河激情热烈地摇荡撞激迸溅，像宿世缠绵不去的爱，像累劫报复不尽的恨，爱恨纠缠，无休无止，我在窗台上静坐冥想，听潮声声声入耳，声声都像是在说世间因果。

　　时间久了，很容易知道每一天涨潮退潮时间的推移，好像我身体里也有了一个潮水涨退的时刻表，我坐在桌案前书写读书，或走到窗前休息看河，形成生活里两种不同的节奏。

　　潮水涨满之后，汹涌澎湃的声音就静止了。岸边原来搁浅在河滩上的船，随水浮涨起来，在水面上摇荡。河滩上生长的一片红树林，有一尺高，被潮水淹没了枝干，只剩下绿色的树梢露出水面。入秋以后，风从东北方向，顺着河口，长长地吹进来。几只白鹭鸶在长风里展翅飞翔，从空中静静降下来，好像没有一点重量，轻轻落在绿色的树梢上。

旋子，涨潮的时候，大河比平时宽度多出有一倍。我的视觉，远远望出去，都是水，充实饱满丰富的水。水一直连到天际，天反映在水中，两岸都被推远了，天地也都被推远了，停栖在树梢的白鹭鸶，一个细小的白点，静止不动，好像只是来对比涨潮时大河口的秋色是多么辽阔苍茫。鹭鸶其实是为觅食而来的，它们对潮汐的涨退比我更熟悉，大概一到潮水涨满，就看得到鹭鸶一只一只，像孩子放到空中飞去的纸片，飘飘摇摇，然后静静落下来，落在红树林梢，落在浅水处，或落在一片浮木上，随波浮沉，等候潮水退去，浅水河滩浮冒出来小鱼、招潮蟹或其他什么生物，白鹭鸶就上前啄食。

我在窗台上新斟了一盏茶，茶上的热烟袅袅飞升腾转，回头看，一只鹭鸶长长的喙里已叼起一条小鱼，小鱼挣扎迸跳，但不多久，就在白鹭口中消失不见。那只白鹭仍静立水边，凝视逝水，一

此 时 众 生　　　098

动不动，好像并没有发生过任何事。

旋子，潮水开始退了。我坐回书桌前看书，耳边听到潮水频频退过河滩的声音，很细很细，像蚕在夜晚吃食桑叶的声音。水慢慢在沙里渗透，像是沙漏里流逝的时间，点点滴滴，涓涓细细。

二〇〇三年十月二十七日

霜降

全力以赴的专注，使生命凝塑成一种美，一种像雕塑的美。

鸭子

无事在窗前坐，看窗外山静云闲，一片山水，天辽地阔，好像时间都已静止不动。觉得是洪荒以前的风景，一切都在等待开始。

好像画家未曾动笔时面对的那一片空白；好像演奏者手指停在琴键上空，屏气凝神，一点声音没有，但一切就要开始。

好像舞台上空无一物，任凭锣鼓喧天，人还没有出现，时间与空间都在等待，等待生命初始，等待洪荒里第一声婴啼，叫醒天地。

一只白鹭鸶静静飞来，原来静止的画面，忽然动了起来。照片变成了电影，刹那间，有了声音，有了动作。

鹭鸶从空中降落，姿态非常轻盈。雪白张开的双翅，浮在空气里，飘飘摇摇，好像微风里无心落下的一片白色花瓣，在空中犹疑摇摆，不知道要到哪里降落。

通常，潮退以前，鹭鸶多落在红树林梢，或落在支出水面的木桩顶端。它们可以栖止不动很久，细细长长的腿，曲线优美的颈脖，通体雪白，在风景里特别醒目，像一尊高贵的雕塑。

鹭鸶伸长颈脖，栖止不动，等待潮退，等待河滩浅水处浮现出游鱼虾蟹，鹭鸶眼尖，居高临下，一展翅，俯身掠过水面，长长尖尖的喙里已叼起一只猎物。

鹭鸶的静止不动，其实是一种专注吧。和画家面前的空白一样，和演奏前的无声一样，鹭鸶专注的是它的生存。旋子，全力以赴的专注，使生命凝塑成一种美，一种像雕塑的美。

潮水退尽以后，鹭鸶多转移降落在黑色的河滩上。

河滩遍布招潮蟹，四处奔逃。鹭鸶一一啄食，动作敏捷准确。我在窗台上看，步步杀机，觉得风景里多了生死因果。山水却仍然只是山水，没有什么爱憎好恶。

朋友来了，熟悉了我的作息，我也不用招呼，他们自在窗前看风景，看山看水，看潮来潮去，看鹭鸶飞起或落下，各自有各自的领悟吧。

B来过几次，爱看鹭鸶的优雅空灵，常不发一语，在窗前呆坐看河。

我在看书，忽然听他说："有鸭子！"

"你现在才发现啊！"我放下书，也走到窗边。

B说："我看了很久，一直以为是一只动作比较笨拙的鹭鸶。"

我被他的比喻逗笑了，从窗台望下去，一只鸭子混在鹭鸶群中，颜色浅褐黄，动作没有鹭鸶那么灵巧，也在争食河滩上的生物，远远看去，的确不容易分辨。旋子，大约是今年初吧，河边忽然多了一群鸭子，十几只，一长列浮在浅水上，或一大群走在河滩上，摇摇摆摆，我在窗前闲坐，多了一种乐趣。

和邻居讨论，都不知道鸭子是从哪里来的。

我们这一排临河的简单公寓小区，住户不多，彼此也都熟悉，大家彼此询问：谁放养了一群鸭子？最后都没有答案。鸭子很快一天一天长大，似乎河边可以吃食的东西很多，不需要人喂养。

鸭子也从不靠近河边，不与人亲近，它们总是聚在一起，远远看去，像一个毛笔写的甲乙丙丁的"乙"字，我想起元人山水画里真是用这样的方法画鸭子，十分高兴。

一阵子，坐在窗边看鸭子，成为很大的乐趣。鸭子不在河边，反而会特意寻找。等到它们摇摇摆摆从红树林的树丛里走出来，才放了心。

鸭子有一天终于不见了，河滩上只剩下孤独一只，呱呱叫着，好像受了惊慌，四处寻找同伴。邻居愤愤地说："一定被坏人抓去吃了。"

我看着这只鸭子，在大片的白鹭鸶群里，它会感觉到孤单吗？

二〇〇三年十一月三日

卷三

冬季
●
●
●

立冬

在异国阒暗无明的夜晚，我故乡的闹钟在我身体的每一个角落响了起来。

时 差

在世界各地飞来飞去，从一个地区时间，转移到另一个地区时间，刚刚开始，常常调整不好作息的习惯。尤其是远距离的旅行，跨洲越洋，过了日界线，时差的困扰，可以延续一星期，十天，甚至更长的时间。

时差是身体上存留的一种生活的惯性吧。忽然间头脑昏钝，眼睛涩而沉重，全身的细胞都突然困倦起来，渴望睡眠的命令一时间在身体各个部位发生作用。

时差像身体内部看不见的一个秘密开关，瞬间关闭所有的灯，或瞬间开启了所有的灯，使意识从清醒入于蒙眬，或从蒙眬忽然清醒。

时差是近代运输工具快速化之后产生的现象吧。

古代的旅者，步行、骑马、乘船，甚至火车汽车，在较缓慢累计的旅程改变里，不太容易产生时差的问题。

时差是快速度巨大转换下对惯性规则的失序感。

有时候在跑步机上运动，在一个固定速度频率下跑半小时、一小时，习惯了这个速度和身体运动的节奏，突然间改变速率，或按了停止键，刹那间，原来向前行进的感觉，变成倒退，好像影像倒转，自己的身体从正常的空间脱轨，失去了安全的规则。

时间的改变或空间的改变，速度太快，都会使感觉失序，产生不安。

感觉不安，好像是一种警讯，好像警告我们太快的速度改变隐含着适应的危险。

恐惧危险，人类需要依恃很多固定的轨道、规则、习惯或传统。感觉不安，容易退回到安全的轨道与规则上，遵守习惯，

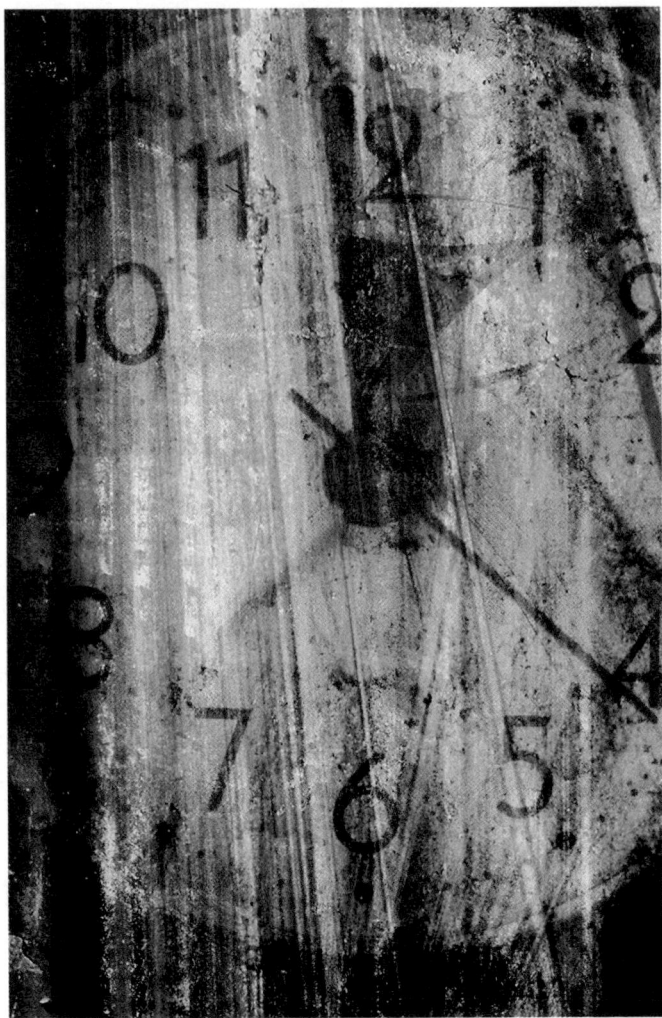

此时众生　　108

依赖传统。旋子，在几天持续的时差里，我怀疑自己：是不是衰老了？

在身体年轻的状态，可能刻意去追求轨道与规则迅速改变的快乐。

所以，感觉不安，可能是一种警讯：使人重新退回原有的轨道。但是，感觉不安，可不可能也是一种刺激，鼓励身体去经验脱轨失序以后全然新领域的喜悦？

我仰望快速度云霄飞车上青年儿童欢乐的惊叫，我欣赏站在数百米高空向下弹跳的人，在空中翻腾飞翔，宛若游龙，在完成冒险之后，那喜悦的脸上透露着挑战难度的自信。

旋子，我意识到自己身体里"时差"的闹钟响起来了。我意识清醒地坐起来，看窗外一片墨黑沉静，在异国阒暗无明的夜晚，我故乡的闹钟在我身体的每一个角落响了起来。

我不知道，要不要把这故乡的闹钟关掉。我不知道，要不要把故乡闹钟的作息，快快调整成此地的规则。

因为是休假，我有点放纵自己，放纵自己耽溺在故乡的时差里，夜半独自醒来，感觉自己熟悉的初日照进室内，感觉榕树上的鸟雀鸣叫，巷弄上学的儿童彼此呼叫，卖早餐包子馒头的车子破破的喇叭声音远远近近……

旋子，我在时差异常的清醒里，看见我眷念的城市开始一天的忙碌。

二〇〇三年十一月十日

立冬

也许，我梦想的，更是社会学上的自由，伦理学上的自由。

自由

我从时差里醒来，知道身体某个不肯睡去的故乡在那里。而此地已是深秋，遍地落叶。

旅店的窗口向南，东方初升的太阳从左侧照亮窗外的港湾。港湾很长很长，一带蓝色的水，在黎明的光里微微发亮。

港湾的北端有一些巨大的起重机械的装置，好像是停卸货物的码头。因为距离远，看不清楚细节，感觉不到码头的杂乱。或者，也还是清晨，一切忙碌尚未开始，船舶似乎也还在沉睡。

有一条很长的铁桥，从港湾的北端向南延伸。铁桥从我的窗口看去，是一条清晰的黑色的线。刚开始，黑线贴着水面，逐渐加高，从水面升起，跨过海湾，联结着南方的一片陆地。

我眺望陆地远处，有一座城市。密聚的高楼堆挤在一起，在长长的海湾和陆岬之间，看起来像一个突兀的神话。关于这个城市，有过一首美丽的歌。歌一开始就告诉你：如果要去这个城市，别忘了在头上戴一些花。

年轻时候唱过的歌，总是很难忘记。年轻时候也很容易相信，一个要戴着花前去的城市，一定是美丽的城市。

旋子，美丽究竟是什么？美丽是心里永远不会老去的一些梦想吗？我们梦想什么？我们梦想过什么？

我坐在窗口，隔着一大片海湾，远眺那座我梦想过的城市；隔着岁月，回看我梦想的细节。

细节都不清楚了，我只记得，那么渴望过自由。自由是什么？也并不具体。或许像一对翅膀，可以飞起来。即使在肉体最沉重的堕落的重量里，仍然可以借着心灵梦想的自由，轻盈地飞起来，飞在城市的上空。

如果我的故乡使我心灵沉重，我就在头上戴了花，流浪到远处去，寻找一个使我可以飞起来的地方。

我梦想过一个城市，人们在头上戴了鲜花。他们在街上互相拥抱、亲吻，他们彼此和善微笑，他们在忧伤的时刻，彼此依靠。

我梦想的自由，不仅仅是政治上的自由，也不仅仅是经济上的自由。

也许，我梦想的，更是社会学上的自由，伦理学上的自由，是从一切人为的规范限制里解放的自由吧！

这么多年之后，我才开始领悟，我梦想的自由，其实是审美上的自由。

政治的自由，使人从牢狱迫害里走出来。经济的自由，使人从贫穷饥饿里走出来。社会的自由，使人从阶级里走出来。伦理的自由，使人从宗教家族的禁忌里走出来。

然而，我还是不自由的。我的心灵可以是自己的牢狱。我们可以衣食无缺，但是心灵贫穷。

旋子，我在无阶级的社会里没有看到真正的平等。旋子，我无法解释，每一次伦理的革命之后，都又树立了新的权威与禁忌。

"他们不美！"我今天在街道上看到一个老人，他手上拿着一个牌子，上面书写着几行反对战争的句子。他批判战争，批判他的政府，他的国家，批判政客与官僚，批判庸俗贪婪的财阀。

路上行人匆匆走过，或停下聆听。我注意到老人稀疏的白发鬓边戴了一朵红色的花。

二〇〇三年十一月十七日

小雪

候鸟

飞来北国时，已是此地深秋。候鸟大多已经南迁了。沿着海边散步，抬头可以看到天上成排成列的大雁，时时变换着队伍，有时疏远，有时密聚，在空阔明净如纸的天空，写着像是"之"又像是"人"的汉字书法。

候鸟迁徙之后，海边剩下一些不怕寒冬的禽鸟，像偶尔在低空盘旋的海鸥，以及缓步在草地上行走啄食的乌鸦。乌鸦的羽毛油黑油黑，黑中闪着暗蓝色宝石般的光。海鸥则是灰羽中带一点赭黄，从低空掠过，翅膀不动，像是滑翔，姿态优雅，但落地以后，走路的样子显得笨拙。行走似乎不是它们的专长。

隔着海湾，远处黑压压一片大山，山顶覆盖了白雪。大山很远，绵亘不断，好像即使在夏天，山顶也还有积雪。山下一大片密密的森林，一入秋颜色就起了变化。初来北地，容易被绚烂彩色浓艳的景致震惊。黄赭红绿，在阳光里翻飞，明亮耀眼。春天最热闹的繁花盛放，颜色也很少这样丰富错杂。

经验过北地深秋，才知道生命在任何时刻都一样华美动人。

我坐在一片落叶中，落叶重重叠叠，像织出来的锦绣。旋子，这样精心织绣出来的美丽图案，在北国大地上，一拉开就是上千公里，无休无止，好像挥霍不完的色彩。

这是多么奢华的礼物，仿佛所有的树叶都知道已是告别的时刻，它们要做最后一次生命彻底的挥霍。

美，竟是一种毫不吝惜的挥霍吗？

我平日拘束谨慎的生活霎时间受了震撼。在这样奢侈的挥霍面前，觉得自己的感伤、眷恋、叹息和不舍都没有什么意义了。

生命的来去，无论树叶，或我自己，此时此刻，深秋入冬，只是平静沉默不语。旋子，你可以感觉得到那沉默中难以言喻的喜悦与圆满吗？

我在想，我若是候鸟，是否此时已随队伍南迁到温暖的地方？或者，我也可能孤独离群，在日复一日更加寒冷的北国，等待深秋入冬。等待每一片叶子静静坠落地面，等待风从枯叶间沙沙响起，等待空气中凝结着寂静，等待第一场初雪，像漫天飞起的白色花瓣，在空中卷起，飞扬，回旋。

有没有候鸟，眷恋耽溺秋深，忘了南迁？

我抬头观看，长空里已无大雁，候鸟是已走远了。

每一棵树下一堆落叶，散步时，常常是低头看到地面一圈落叶，抬头才看到树。银杏树的叶子是特别明亮的黄，每一片叶子像一把张开的折扇，一支长长的柄，重重叠叠覆盖地面，最像织锦。槭树的叶子像鹅掌，叶缘多尖锐的曲折，色彩黄绿斑斓。枫叶最红，纤巧的形状，铺成一片，像是红毡，走过的人都停了下来，看地面落叶，再仰面看树，树已剩秃枝，疏疏几株枝丫，像一尊佛，端坐在自己的落叶中间。

我梦到自己是一只候鸟，在向南飞去的途中，梦想着南方明亮温暖的阳光。但是，不知道为什么，在南飞的中途，我变成了一片

此时众生　　118

向下坠落的叶片，在秋风里浮沉。一个过路的人把我接在掌中，夹在信笺里寄给朋友。他的朋友久居南方，我因此到了那里，躲在邮件箱中，百感交集，知道长途飞来的候鸟们也都近在咫尺。

二〇〇三年十一月二十四日

银杏

路过爱荷华，这个校园，二十年前来过。记得河边有几棵高大的银杏树，晨起散步，特意绕道去找。几棵树都还在，仿佛老友，没有什么盟约，但是总有牵挂。

深秋入冬，看电视报道，附近有些城市已经下了初雪。这里虽然还没有那么冷，树叶也已经纷纷脱落。

银杏树叶脱落最快，叶子几天里从青绿变成明黄，风一吹，哗哗掉落，树根四周地面上一圈明亮耀眼的黄色，很容易辨认。

二十年前在这校园停留四个月，季节是夏秋之交，银杏的叶子刚开始变黄就离开了。

此刻的银杏树已经都是秃枝了，觉得二十年，如同一梦。刚刚离开，转身回来，老友已容貌变迁。幸好树木似乎越老越是妩媚，我便走近树下，端详起这几株二十年不见的老树。银杏树主干粗壮直挺，不太有芜蔓虬曲的姿态。从主干斜伸向上，有秩序的旁枝排列整齐。每一旁枝上凸出短短的许多小杈丫，承受细细长长的叶蒂。扇状张开，半圆弧形的叶片迎风招飐，特别葳蕤扶疏。夏天的银杏树华丽丰富，贵气而优雅；此刻叶子全掉光了，秃秃的银杏树，可以细看它枝干杈丫的结构。

最早看到银杏树是在美国东岸，朋友带我看华盛顿纪念堂的两株老银杏树，说是清末中国政府送的礼物，从那时生了根，也像新的移民，在新的土地上繁衍了后代。

银杏树是中国古代美术上最常见的主题。汉画像砖里常常看到扇形叶片的银杏树，枝枝相交错，叶叶相覆盖，像汉乐府诗，喜气质朴而又富裕。新近出土晋代竹林七贤砖刻画里也有银杏。流转飞扬的枝叶，陪伴着徜徉山林的一代名士。看那幅砖刻，总觉得阮籍、嵇康的长啸尾音还在银杏枝叶间回荡。

晋代的大画家顾恺之真迹多已不传，但他著名的《洛神赋图》留有历代摹本。《洛神赋图》里的山水背景主要是银杏树，一棵棵枝叶宛然的银杏，立在仙境一般的小山上。曹植神思恍惚，在洛水上看见翩翩行走于水上的女子，惊鸿一瞥。整个画卷迤逦着一株一株的银杏，使我走到天涯海角，只要看到银杏，都觉得仿佛拉开了《洛神赋图》，自己也走在长卷里。

六朝到唐，银杏常常出现在壁画、石刻、砖雕，甚至织绣、漆器及金属工艺上，成为审美的主要图案。

古代日本美术也喜爱表现银杏。一面黑漆茶托，上面一枝金色扇形银杏叶。好像在深秋树下凝视落叶，连魂魄都烙印在黑色的寂静里了。

我也喜欢日本古代织绣里的银杏叶，错错落落，繁繁复复。真的是走入深秋林地，落叶心事重重，迷离摇曳，不知如何是好。日本料理茶碗蒸里总有一颗银杏的果实入汤，没有重味，只是清香而已。

几年前去北京香山，正好也是深秋。原是为了看传说中曹雪芹最后的故居，走来走去，走进一片正在落叶的银杏树林。枝干苍

123　　　冬季

老，树皮上都是皱皱，褶皱凹痕长满苔藓。秋风乍起，一片片叶子满天满地扑面而来，在我头上回旋，好像久别重逢。

这几年朋友送我银杏叶炼制的药丸，说是可以防止老年痴呆。我吃了，但不知效验如何。

二〇〇三年十二月一日

大雪

寒林间因此有一种肃静，一种瑟缩，一种凝冻。

寒 林

在北地做客，主人担心我从南方来，不耐寒冬，入夜前在壁炉里多加了柴火。火光炽热旺盛，我看了一回书，有些困倦，不觉睡着了。

醒来的时候，听见风声。枯叶刮在地面上，簌簌作响。我觉得窗隙间什么东西很亮，拉开窗帘，月光"哗"一下涌进室内。抬头看，枯树林间一轮又大又白的满月。

这是北国入冬的寒林，树叶都脱落尽了，没有遮蔽，月光才能这么清澄透明。

主人已入睡，壁炉还有余温。我不想惊扰他，蹑手蹑脚，穿戴衣帽，准备到外面走走。

拉开通向树林的门，迎面一阵寒风。我赶紧把门在身后关上，一大片枯叶扑头扑脸罩下来。我拉低帽檐，竖起衣领，把自己用大衣紧紧包好，顶着风，走向树林间的小径。呼呼的风声，好像鬼吼。枯枝在空中炸响，有时交柯，击撞纠缠，发出怪异的摩擦声；有时咻咻唰唰，像一条一条抽在空中的长长的鞭子。

大片大片的月光，像许多破破碎碎的镜片，在树林枯枝间闪耀映照，明明灭灭。

连地面上也有亮光，是白日积雪，融化成水，又在寒夜凝结成薄薄的冰片，也反映着天上月光。

我在大风里不容易站稳，也要小心脚下薄冰的湿滑，走得特别谨慎。

白天这树林里有鹿，主人放了鹿食，大小雌雄六七头鹿就从树林深处出来觅食。松鼠、浣熊更是常见，在餐厅用餐，这些小动物就扒在窗户边看着你，好像在等待一些赏赐。

冬 季

此刻树林却如此寂静空白。圆圆的月亮，像一盏巨大的照明灯，在树林间移动逡巡，好像照得狐鼠夜枭四处窜逃，没有隐藏遁形的地方。

月光里只有乱飞的枯叶，像被惊动的鸟，惊慌飞扑。一时从地面陡然升起，一时向同一方向回旋追逐，一时又齐齐坠落。

我看到的是漫天枯叶乱飞，却想起王维的句子："月出惊山鸟。""惊"字用得真好，原来北国寒夜，月光清明，可以如此惊天动地。

宋人画山水，有"寒林"一格。专门描绘北方入冬树叶落尽以后的荒寒萧瑟。李成是画这"寒林"的高手，他的真迹多已不传，但许多后人摹本，也还可以窥见宋人眷爱寒林的独特美学品格。

我看过几件印象深刻的"寒林"。旧黯的纸绢上，墨色很灰，干笔枯涩，像是老人不再青春的头发，灰白灰白，却也华贵安静。

唐代美术追求华丽浓艳，喜欢用大金大红大绿。强烈对比高明度高彩度的颜色，像春花烂漫，使人目不暇接，使人陶醉眷恋，不能自持。

由唐入宋，好像夏末秋初，季节从繁花盛放逐渐入于寂灭。看到花谢花飞，看到花瓣一片一片在空中散去。看到即使秋天霜叶红枫，如此绚烂耀眼，一到寒风乍起，万般繁华，离枝离叶，最后剩下的只是一片枯树寒林。

宋人的画寒林，是已经看尽了繁华吧！

寒林间因此有一种肃静，一种瑟缩，一种凝冻，一种生命在入于死灭前紧紧守护自己的庄严矜持。

从小径穿过树林，好像行走于月光的水中。有时风起，水里都是波澜，心事也荡漾起来。风一停，月光特别寂静，寂静到像琴弦上最细的一个持续的高音。那高音是寒林里孤独者的啸傲，变徵、变羽，越来越高亢，就是不肯降下来做低卑的妥协。

我在南方的故乡，少有寒冬，一年四季如春，不容易体会寒林的孤傲顽强，也不容易体会寒林的苍凉洁净。

二〇〇三年十二月八日

大雪

他蜷缩着，一动也不动，
我看到了洪荒里石头的流动，
我听到天崩地裂的声音。

舞者

他蜷缩在舞台上，像一块不动的石头，像一枚沉睡中的蛹，像一粒等待发芽的种子；像一个点，在浩大的空间里，才刚刚找到自己存在的定位。

如果是石头，它应该记忆着洪荒以前熔岩的喷发。在高温里膨胀爆炸喷射，它的身体，在巨大的温度里分解，熔化成最小的分子。所有的分子，快速旋转演变。身体的每一部分，好像都在寻找新的组合方式。天崩地裂，身体破碎瓦解成粉末尘埃，像稀释的液体，在混沌大气里飘散流荡。

当温度降低下来，速度缓慢下来，它凝结了，固定了，变成一块不动的石头。数十亿年来，它一直不动。偶然一次地震，或许唤起它久远久远以前天崩地裂的一点回忆吧，它稍微摇摆晃动，若有所思。不多久，还是决定安分做一块不动的石头。

你在舞台上，你使我想起那一块不动的石头。如果是一枚小小的沉睡中的蛹，不知道它还记不记得上一次肉身解蜕时巨大的疼痛？

他的身体蜷缩成一团，像母体中静静的胎儿。耳中有规律节奏的呼吸心跳，有汩汩血脉，像是四面包围的潺潺水声。在极其安静的蛹的睡眠里，我听到远远的轻微的胎动。

每一个茧中沉睡着一个蛹，每一个蛹的睡眠里，都有无数彩色缤纷的梦。他记得，这个此刻沉睡的身体，曾经在空中上下翻飞，翩翩起舞。

这个身体，曾经飞扬浮沉过春天的树林沼泽池畔溪流，曾经穿越金晃晃的阳光，曾经和漫天的花瓣一起飘洒纷飞，曾经收拢起斑斓透明双翼，专心停伫在一朵盛放绽开的花蕊中心，专心吸吮嗅闻蕊心深处那一点芳香甘甜的蜜汁。

它可以这样安静圆满，如睡眠中的蛹，在微暗的舞台上，回忆着前生，回忆着作为蝴蝶彩蛾的时刻，回忆着一切的缤纷华丽。

缤纷华丽的梦，像倒转过来的水晶球，里面许多细碎的亮片，纷纷洒落。所有亮晶晶的繁华都飘落之后，在层层落叶的覆盖底下，一粒种子安静地等待着发芽。

他像一粒等待发芽的种子。

他蜷缩着，我可以很清楚地看到他身体折叠的秩序。在坚硬果核保护的中心，柔软的胚芽把自己缩得很小很小。我用刀切开果核，看到胚芽挤在狭小的空间里，身体一层一层地折叠，紧紧拥抱着自己。

他要把自己缩到这么小，藏在最隐微的黑暗之处。他要把自己缩到这么小，不占据任何空间。

是不是肉体缩到最小，意志才能向上伸展？胚芽知不知道，这么小的身体里，隐藏着要长成一棵大树的意志。

我看到他的身体蜷缩成一个小点，那个小点是一条线的开始。

好像王羲之练习书法最初的那一个点，叫作"高峰坠石"，从很高很高的山峰向下坠落的一块石头。从这个点开始，有了存在，有了速度，有了方向，有了重量，有了体积，有了向下坠落的沉重，也有了向上飞起的梦想。

　　他蜷缩着，一动也不动，我看到了洪荒里石头的流动，我听到天崩地裂的声音。我看到了沉睡的蛹，一一孵化成漫天飞舞的蝴蝶。我看到了一粒胚芽，长成枝叶扶疏的大树，在明亮的阳光里随风摇摆。我看到的是舞台上一个小小的点，那小小的点，却是一切的开始。

　　　　　　　　　　　　　　二〇〇三年十二月十五日

冬至

我记得诞生以前和诞生以后，很长一段时间，我都闭着眼睛。

黑暗

突然的停电，使他陷入黑暗中。他本能地伸出手，碰触到桌子的边缘。刹那间的黑暗，视觉失去了功能，不能辨别对象。伸手不见五指，他没有安全感。

他的手指一碰触到桌子边缘，好像就减少了一点恐慌。像掉在黑漆漆的大海里，随便一根草，一片浮木，都想抓住。"抓住"似乎比视觉的"看见"更踏实，也更具体。

他把手停在桌子的边缘，抚摸桌子的转角，感觉桌子的厚度，感觉木皮的纹理质感。用手掌心贴着桌面，好像医生用听筒探听病人的呼吸和心跳。他感觉木头里好像还透露着树木在阳光照耀下遗留的温度，有雨水沁润过的细腻的潮湿。在某一处的纹理中，他甚至抚摸出折断的枝干留下一个清晰的疤。那个疤被刨平了，上了漆，但还是触摸得出来，有一点点凹凸的变化，在那里留下一个旋转的痕迹，一个纠结的伤口。

他闭着眼睛，像一个盲人，用手触探身边的一切。如果不是停电，他没有机会知道自己拥有这样敏锐的触觉。他的每一根手指上好像都长出了眼睛，指端每一个末梢都变成最纤细的味蕾，可以品尝最细微的变化。他想象自己是盲人，没有视觉，却拥有最纯粹的触觉。旋子，我最初的记忆好像都不是视觉。

我蜷缩在母亲体内的时候，包裹在一个阒暗温热的圆形空间里。我紧闭双眼，身体感觉得到湿度温度，感觉得到非常柔软的一层膜，保护着我的身体。感觉得到身体好像浮在温热的水中，感觉得到一个沉稳笃定的心跳，感觉得到有韵律的呼吸。

回到最初，我们感官的深处，并不是视觉，在张开眼睛之前，最活跃的感官竟是触觉。

离开母体之后，我大哭过。

我仍然紧闭着双眼，听到自己的哭声嘹亮高亢，在突然大了好几倍的空间回荡。我的两只脚被一只有力的手抓住，我倒吊着，悬在半空中。觉得皮肤上湿湿的，有一点冷。我想缩回去，缩回到以前那阒暗幽静温热的母体中去。我挣扎了很久，但是回不去了。

不多久，我觉得被一双温暖的手臂环抱着，紧贴在一个厚实的胸脯上，我听到非常熟悉的心跳呼吸，我甚至嗅闻到非常熟悉的气味。心跳规律的节奏，有韵律的呼吸的起伏，熟悉的气味包围着我，我好像辨认出那是我的母体，我非常非常熟悉的气味温度，呼吸的韵律和心跳的节奏。

我停止了哭泣，被一只手环抱抚摸着，觉得安全了，可以入睡。

我记得诞生以前和诞生以后，很长一段时间，我都闭着眼睛。我用整个身体感觉着外面的世界，我也感觉着自己身体里面的许多变化。感觉到饥饿，感觉到热，感觉到寒冷，感觉到痛。甚至感觉到想笑的喜悦，感觉到恐慌与忧愁，在被拉出母体的时候，恐慌到号啕大哭。

我也显然已经感觉到安全、温暖和幸福，匍匐在母亲宽厚的胸脯上时，脸颊上还残留着哭泣后冰凉的泪水，嘴角已经带着放心的微笑安然入睡。

在我闭着眼睛的时候，我也听到许多的声音，离我很近的那个心跳，像一种节奏稳定的鼓声，不疾不徐，使我逐渐发现，我也有完全一样的心跳。我慢慢把自己的心跳和另外一个心跳调到一样的频率。我也配合着另一个呼吸，像在琴弦上找到一样的起伏。鼓声应和着鼓声，琴弦应和着琴弦，我闭着眼睛，沉溺在感官的幸福里。

二〇〇三年十二月二十二日

冬至

温 泉

从小在台湾长大，不觉得温泉多么稀罕。都市近郊不远处都有温泉，小时候，父母随时兴之所至，一吆喝，一家人带了毛巾，从圆山站搭火车到北投，半小时左右车程，就可以雀跃欢呼，浸泡在热腾腾的温泉中了。

早期北投沿着山路都是温泉。有非常廉价的大众浴池，一般大众白日忙碌过后，花一点钱，无限制用水，洗头洗脚沐浴洗身躯。

甚至有人带了大批衣服被单去洗，家里连热水都不用烧。温泉对他们而言，价廉物美，只是日常生活方便又享受的一部分吧。

沿着北投山路盘旋而上，日本侵占时期规划的公园，留下许多高大松树。松林掩映，露出黑瓦白墙房舍。几丛茶花桂树夹道，一条石砌曲径通向幽深处，苍苔斑驳，花香扑面。路口常立有一片原木招牌，古雅墨迹书写着"某某汤"。

小时候对"汤"的理解，只是饭桌上用来喝的汤，北投的"汤"却都是讲究精致的日式温泉旅馆。这些"汤"，几十年来，多已改建，山丘上冒出怪物般大楼。少数保存的几间旧式旅馆，虽经过整修，却往往不了解原来格局材质的讲究，致使庭院空间失去昔日的从容朴素，偶然看到角落一座弃置的矮小石塔，知道品味不可勉强，只是对时代的粗糙感觉遗憾。

少年时候读《长恨歌》，读到"春寒赐浴华清池，温泉水滑洗凝脂"，很为自己庆幸，可以从小三天两头泡温泉，不必等候"赐浴"。

唐朝长安城外的华清池温泉，大概的确变成了一种特权的赏赐。唐朝做官的人，每十天有一种特别的洗澡假，叫作"浣"（这个字有另一个写法"澣"）。"浣"常常出现在古字画落款的时候，称"上浣""中浣"或"下浣"，也就是"上旬""中旬""下旬"的

此 时 众 生　　　140

意思。每十天放一次假去洗澡，成为国家官员体制，甚至影响到文学词汇，"浣"大约不是普通的洗澡，极有可能是一种对特定官员的"赐浴"。

父亲年轻时旅游去过华清池，华清池因为《长恨歌》，使我有浪漫的联想，我当然好奇，要父亲描述。他支支吾吾说："没什么，一个男大众池，一个女大众池。"我有些失望，这样描述华清池，完全没有文学细胞。母亲刚泡完澡，身上冒着烟，在旁边冷冷地补了一句："你老爸在华清池撞到女大众池去了。"我很兴奋，急忙问他："好看吗？"我想的是杨贵妃"赐浴"的那个水池，结果父亲板着脸凶着说："什么好看，一堆人，黑黑的头发，白白的肉，挂着两个奶，吓死人。"

父亲讲话带福建口音，那"吓死人"三个字真是难听。

幸好我对《长恨歌》的幻想没有因此破灭，每次泡温泉，还是会觉得"温泉水滑"写得真好。温泉的美好其实不只是它的温度，因为水质，泡完温泉，全身肌肤有一种细腻，有一种滑，好像春雨滋润过的叶片。可以想象，肉身丰腴的唐代女子，微微晕眩，微微慵懒，身上缕缕轻烟缭绕，她不曾这样看过自己的肉身，她发热的身体感觉到初春的寒冷，寒冷像花瓣一样，一瓣一瓣贴在皮肤上，她忍不住爱抚起自己的身体。

天气寒凉的季节，我还是喜欢上山去泡温泉，在露天空旷的山野，热热的身体，独坐岩石上，大风在树梢回荡，溪谷里都是流泉，满眼繁星，满耳虫鸣。

二〇〇三年十二月二十九日

冬至

任何人为修建的温泉，都比不上这样幕天席地在大河河床上的泡汤，身体泡热了，坐在岩石上吹风。

泡汤

日本人在台湾留下了"汤"的古语，近几年民间也出现了流行语"泡汤"，逐渐取代了原来"泡温泉"的说法。

台湾的温泉，几乎遍布岛屿的每一个角落。日本人有泡温泉的传统，侵占台湾的那些年规划了几个温泉区，台北附近的北投只是比较著名的一个例子。

我也在几个偏远地区，看到过那时留下的温泉建筑。像苗栗的虎山温泉，恒春半岛上的四重溪温泉，台东大山纵谷里的红叶温泉，中部中央山脉入口的谷关温泉。

多年前登玉山，从东埔过父子断崖，走八通关古道，曾经在东埔借住了一夜。住的也是日本侵占时修建的警察招待所，桧木栋梁门窗地板，上面一式黑瓦铺顶，院中几株艳红山樱，灿如烟霞。入睡前浸泡在热汤中，缕缕轻烟从敞开的窗户翻腾飞去，一整天走山路的疲累酸痛，尽皆洗涤而去，舒适畅快，难以形容。同伴随山风长啸高歌，余音缭绕，至今犹不能忘。这些偏远地区的老式温泉，一直到七十年代，多半还在管制区内，需要办甲种或乙种入山证件，因此游客不多。年久失修，显得简陋破旧，但也相对保留了这些温泉建筑原来朴素典雅的风格。

年久失修，游客稀少，又地处偏僻山区，容易寄生蛇鼠野生动物。在东埔的一个晚上，猫鼠在天花板梁间追逐窜逃，声东击西，一夜不曾停止。

去虎山温泉是临时起意，车子开到管制站，只要有身份证，当场发乙种入山证。离管制站不远就是温泉，旁边有一排木造两层房舍，供人住宿。泡完汤后，和友人在山路上散步，刚好是满月，树隙间都是月光，瞥见路面一条黑白相间的长蛇游过。姿态从容娴雅，没有一点惊慌。同去的友人学中文，说起"黑质白章"的典故，我只是讶异，此地温泉带硫黄气味，蛇也可以不避。

第二次泡汤遇到蛇是在红叶。时间近子夜，满天星斗，车子开在纵谷里，不见人影，找到红叶温泉，我们四个人下了车，两男两女，办了住宿，撞见一个醉汉。他醉得有点踉跄，眯斜着眼，盯着我们同行的两位女性，上上下下打量。

不多久，我去浴室，醉汉尾随而来，悄悄靠近问我："那两个小姐哪里找的？"我许久才会过意来，忍不住哈哈大笑。后来告诉两位同行画家女友，她们也哈哈大笑，似乎觉得荣幸，不以为忤。

隔天早上，我一起床，上厕所，打开门，一条青蛇盘踞地上。它昂起头，我觉得好像应该说："早安！"或"Bonjour!"不知道要用哪一种语言，最后只好放弃，轻轻关上门，转身走了。女友后来也去厕所，出来之后，我问她："有没有看见蛇？"她说："没有。"又问："有蛇吗？"

其实我最好的泡汤经验都不在室内。

二三十年前去台东知本，虽然也有一间老式的木造温泉旅馆，却没有什么人泡汤。到了晚上，旅馆外面一条干涸的河床闪着一丛一丛的灯火，像倒映在水底的星光。走近看，河床上一窟一窟大大小小的野溪温泉。有的只容一个人蹲坐其中，有的稍宽，可容父母子女三四人同浴。他们或用手电筒照明，或堆石块在凹洞避风处点蜡烛。烛火荧荧，他们咏唱卑南民歌，悠扬嘹亮。

我才知道，任何人为修建的温泉，都比不上这样幕天席地在大河河床上的泡汤，身体泡热了，坐在岩石上吹风，他们好像本来就是岩石，回来找到了自己。

二〇〇四年一月五日

小寒

趁明月清风，四野都是虫鸣，
跐了拖鞋，带条毛巾，
找岩壑僻静处，浸泡在缕缕热泉间。

野溪

近几年，常有专题报道，介绍不为人知、藏在偏远地区深山大泽里的野溪温泉。

寻找野溪温泉，目的似乎已经不是为了单纯的泡汤。野溪温泉因为多在荒山河谷源头，需要翻山越岭，溯溪而上，一路攀缘，更多探险性质。

如果找到温泉，当然欢欣雀跃，但是寻找野溪温泉的过程本身，已经充满亲近自然的乐趣。

我有一些专门寻找野溪温泉泡汤的朋友，个个面色红润，筋骨结实，讲起话来声洪气壮，走起路来虎虎生风，好像长久亲近山水荒野泥土，人也浸染了自然的开朗丰厚大气，没有久在文明都市中的琐碎闭窒。

台湾全岛遍布温泉，早年台东知本河床谷地里一窟一窟的温泉，暴露在荒野间，没有人为的修饰管理，也不用花钱，附近百姓携老扶幼，日夜享受泡汤之乐，这其实就是今日所谓的野溪温泉，是自然给予人类最美好的礼物。

工商业发达之后，这些原来属于大众共享的自然资源，多被财团垄断，占据为私有的财富，盖起突兀怪异的大楼，经营收费昂贵的旅馆，招揽城市观光客前来度假。在没有计划的开发下，自然环境被破坏，资源被滥用。许多以温泉为号召的观光区，几年内就被糟蹋得面目全非，惨不忍睹；提供劣质消费，甚至温泉水源过度开发，多数旅馆已用加温烧水冒充天然温泉，蒙骗顾客，也使更多追求自然的人宁可走向偏远深山溪谷，寻找野溪温泉。

如果不是私人垄断，以台湾温泉的普遍，其实并不需要登山涉水，千里迢迢去寻找野溪温泉。

我早年的记忆，荒野间，溪谷里，热气腾腾，透着辛烈的硫黄气味，露天温泉，一窟一窟，到处都是，离家很近，也不需要特别翻山越岭去找。

八十年代，我在北投住过，离家走路不到三分钟，就有野溪温泉。

从新北投火车站往北走，沿缓缓的山坡向上，不到几分钟，可以听到溪流潺潺声。一条沿溪小路，路名就叫"泉源"。雨势大的时候，溪水都成急湍，声势浩大。平日溪床间布满巨石，石隙水流冒热气，气味呛鼻。初来的游客脱了鞋子，走进溪流，惊讶欣喜，向岸上同伴大叫："水是热的！"

后来我知道这就是磺溪源头，溪谷里都是自然泉口，温泉汩汩流出，整条溪水都是热的。

我就在这溪边住了几年，闲暇无事，看书到夜半，趁明月清风，四野都是虫鸣，趿了拖鞋，带条毛巾，找岩壑僻静处，浸泡在缕缕热泉间，或躺卧巨岩上，听山风在树梢回旋。

朋友来家小坐，不怕露天裸体的，我都邀请泡汤，享受了好几年洗野溪温泉的快乐。

住户多了以后，造访这处温泉的人也陆续增加。有人把旧被单

用木棍竹竿悬挂成帷幕，稍有遮掩，白天也可以沐浴。

再过一段时间，帷幕多隔了一间，两间入口各悬挂一张纸板，大字书写"男汤""女汤"，女性也可以享受泡汤了。常常夫妻二人隔着帷幕，边泡汤边聊天，可以听到各样家庭琐事，泡汤意外获得许多民间百姓生活乐趣的点滴。

几年里，北投泉源路的温泉有名起来，居民集资修建两间钢骨水泥浴室，浴室外置放乘凉喝茶的桌椅，接了电线，有灯照明，泡完汤，还有人唱卡拉OK。

我搬家之前，溪边盖起十六楼的公寓大厦，房地产商宣传的广告就是"温泉别墅"。

二〇〇四年一月十二日

小寒

读者依诗句去找，相信诗人指点过的
江山值得一去，但到了现场，
江山多已变色，徒增感慨而已。

烧 水

台东知本的野溪温泉消失了，北投磺溪源头的野溪温泉被别墅大楼包围，也失去了原味。我心里总还惦记着几处野溪，不知它们都无恙否？八十年代去过一次太平山，那时候的太平山还在林场管制站，正准备规划，开放为游乐区。

我是和规划小组的朋友一起进山的。

在罗东住了一夜，天蒙蒙亮，一伙人上了运木材的大卡车。走在兰阳溪的河床上，卵石累累，卡车颠簸到像要翻倒。完全无法坐，只好用手撑着，随车摇晃，一路到翠峰湖。翠峰湖只有一处伐木工人的工寮，也是全体规划小组成员的住宿之所。黄昏以后，夜雾四合，云烟缭绕，所有的人都安静了下来。晚饭过后，云雾渐散，天空满满都是繁星，许多人引吭高歌起来。工人们用大脸盆做容器，倒满米酒，加入保力达B，劝客饮酒。规划小组成员多是大学生，不多久全都醉倒，工人们则自去湖边沐浴。

那时太平山还保留了最后的蹦蹦车和溜笼。这两项交通工具其实都是为运木材设计。蹦蹦车在山壁悬崖上架设轨道，车厢装了滑轮，利用斜度滑力的速度，使装满木材的车厢滑行。

速度很快，如果控制不住，车厢滑落山谷，顶多也只是牺牲一车木材。我们那时年轻，觉得离死亡还远。一堆人坐上运材蹦蹦车，快速滑行。有人惊叫，有人长啸，仿佛觉得万一摔下去，也只是一车木材。

溜笼更有趣，是在此山到彼山间牵钢索，用滑轮把一笼的木材从山上往下运。速度当然比蹦蹦车更快，但据说失事率也更高，只是摔下去还是一笼木材，没有什么大关系。我们几番要求，都关进了笼子，一路溜下山去，还不及惊呼，千山万水，已经到站，觉得李白过三峡未必如此豪迈壮观。

太平山记忆最深的是最后出山前去了一处野溪温泉，名字叫"仁泽"，也叫"烧水"。有人说一个是日本名字，一个是闽南语。我未详尽考证，只是觉得"烧水"这名字贴切。因为一靠近溪侧，不宽的溪谷里热腾腾冒着硫黄气，浓浊的烟在寒天里翻卷，还没有脱衣跳入水中，已经感觉到一股扑面而来的热气，的确是一溪"烧水"。

我在热水溪中泅泳，水不深，顶多只到腹部。溪中又多巨石，其实不是游泳，只是在石隙间随水流浮沉，看远近都是大山耸峙，仰躺着看，更是雄伟奇杰。去过一次太平山，泡过一次仁泽温泉，想念了很久，一直到九十年代后期才有机会重去。这次是从鸳鸯湖一带入山，看野生石楠在初春开花烂漫。我一路和同去的朋友叙述"烧水"的好处，或许加上多年回忆想念，那一条野溪更是温热动人，也勾引同去的友伴跃跃欲试。

到了"烧水"，野溪已经不见，远远看到一些怪异水泥贴瓷砖的建筑。一个做成不规则形状的水上乐园式的游泳池，有大字强调"仁泽温泉游泳池"。

我被同行友伴嘲笑了很多年，知道警惕自己，心里美好的回忆，最好不要再回头留恋。

古代许多诗人游山玩水，指点江山，留下著名诗句。后来读者依诗句去找，相信诗人指点过的江山值得一去，但到了现场，江山多已变色，徒增感慨而已。

大约诗人一路走去，指指点点，读者觉得他在指点江山，他喃喃自语，说完就走了，读者以为是诗句，他也只是兴之所至，没有什么山水瓜葛。

在烧水泡汤，倒是留下一张照片，有时会拿出来看一看。

二○○四年一月十九日

大寒

东坡是「多难畏人」，我生活平顺，但也领悟，好朋友不必太多，好风景也不必太多。

风景

有几处野溪温泉是我常常怀念的，隔一段时间，总想再去看看。每次再去之前，虽然也心中忐忑，生怕又变了样，触景生情。结果还好，连续去了好几次，一直没有什么大的变动，都能维持最初去的快乐。

慢慢地，感觉到自己心里有一处可以信任的风景了，可以很久不去，但是相信那里的风景还是一样。就像相信一个要好的朋友，多年不见，没有频繁来往，仍然不会疑虑恐慌，知道一见面就能很亲，言语也不陌生，思想观念也不陌生，好像没有离开过。

苏东坡在"乌台诗狱"之后，因为被小人诬陷，在监狱里关了一百多天，放出来之后，下放黄州，那个时期他写给朋友的诗文，常常加注"多难畏人"四个字。牢狱之灾以后，东坡怕认识人，怕交朋友，他倒是借着下放，因祸得福，游山玩水，看了好风景。

我没有东坡的遭遇，没有惹到小人诬陷，或者偶然有一些小人的麻烦，不多久也就忘了。觉得好山好水都来不及徜徉游玩，哪有闲空记挂小人。

东坡是"多难畏人"，我生活平顺，但也领悟，好朋友不必太多，好风景也不必太多。心中有几位好朋友，天朗气清，会相约去泡汤，已是福气。这些好朋友，即使多年不见，也都还心中怀念着几处好风景，更是值得珍惜。

东部大山里有一处野溪温泉，有缘一去再去了好几次，当地人叫文山温泉。

文山温泉在立雾溪峡谷深处，从太鲁阁口走中横，过了绿水，一路攀高，两侧崇山峻岭，路在万山间迂回。抬头是整片看不到顶的断崖，往下看是深谷急湍，激流飞瀑，好像混沌宇宙透出一线光亮。特别是夜晚趁月色走燕子口，穿行在峡洞窟窿间，巨岩深壑，蹲伏暗影中，都像虎豹相扑，鬼斧神工。走在这样的风景里，觉得要大声唱歌壮胆。

一路呼呼山风吹来，深谷里激流轰轰，我的歌声也山鸣谷应。听到远远回声传来，带着酒气，好像另一个醉去的自己，颠颠倒倒，行走在对面山峰上。

文山在往天祥的路上，还不到天祥，没有什么显著标志，窄窄的路，右边是警察局，左边高坡上一幢招待所，是以前蒋介石的行馆，形式朴素，有很宽阔的廊，坐在藤椅上，可以眺望山势。大山里都是峻岭峭壁，文山是难得一处平台，可以静观山色。

警察局后方，有小路可以直通溪涧深谷。路很小，隐蔽在草丛间。有时陡斜，需要扶墙攀藤。石阶常常坍塌崩裂，小路或断或续，有时要蹲伏而行，从巨岩陡壑下钻过。

走到半山腰，已经可以听到溪涧深处像轰雷一样巨大的响声，水势湍急，立雾溪的峡谷又狭窄如一线天，惊涛骇浪的声音直往上冲，走在陡峭山壁上，觉得脚底都在摇晃震动，好像整座山随时都要崩解。

攀爬滑行，下到接近谷底，两山窄处牵有一线吊桥。吊桥不

长，十余米。有惧高的朋友，抓着钢索，闭着眼睛，摸索前行。胆大的人在桥中仰面看山峰飞升而去，一线天上一轮亮晃晃的满月，整个峡谷都是月光。

过了吊桥，再攀爬约十米一段断崖，有时没有踏脚处，需要攀绳索下去。下到溪谷，谷底一处巨岩被水掏成大窟窿，温泉汩汩涌出，可容十余人共浴，深山峡谷，满满的月光，泡得身体发烫，跳进池边清冷溪水激流中浮沉，大声呼叫，知道这风景与我有缘，可以一来再来。

二〇〇四年一月二十六日

大寒

梦境无论再美好，不仅不真实，如果一梦再梦，其实也无趣。

竹内

远在东部深山峡谷里的文山温泉，经过几次大地震，原来像天然浴池一样的大窟窿，稍有毁损。下到峡谷的梯阶，也已崩坍。有一次去，岩壁上钉了大铁钉，悬着一条绳子，路崩坍了，当地居民照旧攀着绳子下到溪床去泡汤。

在室内泡温泉的人，很难想象野溪温泉的趣味。身体被泉涌的热流包裹拍抚，雾气氤氲，空气里蒸腾着各种矿物和植物的生猛气息，溪谷巨石间激流急湍，轰然如雷，月光里，远远看去，一尊尊肉身，冒着热气，散坐溪床石上，觉得此身难得，好像经历好几世劫毁流转，终于找到了自己。

我怀念文山温泉，怀念一起在文山泡过温泉的朋友。多年来，走去天涯海角，都还挂念着溪床中流那一块石头，一块可以端坐冥想可以找回自己的石头。

太鲁阁文山远在东部深山，离我住的地方太远，心里向往，却不是常常能去。我也在日本泡过温泉，一次去福冈，日本友人载我去九州岛山里一处著名的温泉，整个山坡布满十几个泉池。

日本人分类做得细，每一个池子旁都有木牌，说明该池的水温、所含矿物成分、治疗哪些病症等等。

印象比较深的是泡完各池之后，山谷溪边有一竹子搭的茅舍，四面都用竹叶编成围篱，下面铺满蒲草艾草，用热气来蒸。

我盘膝端坐，学当地人，头顶一块方毛巾，蒲艾竹叶芳香，加上热气，觉得自己像一颗端午节蒸熟的粽子。

泡温泉最特殊的一次回忆是在京都，京都郊外有琵琶湖，湖边有老式汤屋。我住了几天，正是初春，天上飞着细雪，少数一二人，不怕冷，泡在户外的池子里，看雪如白细绒毛，静静降落，融化在池里。

　　池边三株虬曲盘结的樱花树，绯红的樱花斗寒怒放，开成一片花海，花瓣飘落，夹着细雪，漫天飞舞迷离，仿佛梦境。

　　梦境无论再美好，不仅不真实，如果一梦再梦，其实也无趣。偶然想念一下京都的汤池，想念一下花瓣与雪漫天飞扬的奇遇，心满意足，觉得还是要安分回来过平凡日子。

　　我住处不远，沿着北投、天母、纱帽山、阳明山一带，一直迤逦到竹子湖、金山的方向，遍布一窟一窟的温泉。有的名字就用"六窟""七窟"，使人觉得沿山都是泉口，多到不能计数，干脆就以数字命名了。

　　大大小小的自然泉窟，开发成不同的经营方式。有昂贵的豪华温泉饭店，供专属的会员度假使用；也有充满野趣隐蔽山间的天然泉窟，简陋质朴，保留较多的原始风味，费用也十分低廉。

　　文山或京都温泉都太遥远，偶尔想念一下即可。我最常去的温泉都离家不远，天气忽然转冷，或心血来潮，朋友相邀，二三十分钟就可以到达。我喜爱这种不太困难就可以得到的生活享乐，好像过的只是平凡日子，但每次泡在热腾腾的泉水中，满山草树芳香袭来，看着自己身上的热气化为缕缕轻烟飞去，觉得可以如此平凡过

此 时 众 生　　　164

日子，才是真正的奢侈。

最近常去的一处温泉在纱帽山，隐蔽在竹林内，去的人不多，泉池不大，仅容四五人。泉水用竹筒盛接，池上一张黑网，四角系在树上，用来兜住落叶。涌泉丰沛，哗啦啦日夜不断，因此水质特别清澈。坐在池里，眺望山下城市繁华夜景，知道繁华处正自喧闹，却与我无关。

二〇〇四年二月二日

春
日

立春

泡大众池，一面泡汤，一面欣赏观察众人的身体，其实乐趣无穷。

众生

温泉泡汤，我喜欢用大众池，个人池多在室内，空间狭小，有时没有窗户，空气流通不好，泡不多久，容易气闷头晕，失去到山林泡温泉的野趣。但是文明久了的城市人，往往对自己的身体有莫名的紧张，不敢在众人面前暴露，大伙人上山泡汤，总要开几间个人池，供害羞者用。

泡大众池，一面泡汤，一面欣赏观察众人的身体，其实乐趣无穷。

纱帽山下，天母、北投交界处，有硫黄谷。方圆一两公里，空气中都是浓浊呛鼻的硫黄味。靠近深谷中心，草木不生，附近岩石都染硫黄，呈铁锈色。

多年前硫黄谷有一处天然温泉，免费供大众使用。墙壁上钉了木牌，毛笔字简略书写捐款者的姓名，捐款多少。数目不大，多是五百、六百，后来我知道捐款者多是附近登山健行的早觉会成员。他们从职场退休，儿女也都大了，每日清晨四时起床，相约爬山，走完山路，就下到谷底泡汤。日子久了，他们集资修缮汤池，做了简单设施，运来旧的家具，泡完汤，乘凉烹茶闲聊，妇人有善客家小调者，歌声嘹亮悦耳，男子不甘示弱，便咏日本和歌，我不懂意思，但觉声调慷慨。

这一处温泉，任何人都可以来，但因为多了这些老前辈，也就比别处多一些规矩。墙上的木牌除了捐款记录，也列了几条卫生公约，诸如毛巾不可入池、入浴浸泡前必须冲洗身体、不可在池内搓洗擦背等共浴的一些礼貌常识。附近有高中大学，年轻人做伙泡汤，兴奋过度，脱了衣服，一跃入池，水花四溅。那唱和歌的男子先以目视，见无效果，便以低沉嗓音出声制止。老先生威而不怒，教导年轻学生，一排蹲在池边，用小盆舀水，依序冲洗腋下、两

169　春日

此时众生　　　170

胯、臀部、脚趾，冲洗完毕，安静入池。我当时正在附近大学教书，看到老人在池边教导后生规矩，觉得惭愧。

大众浴池是领悟人体最好的地方，学美术的人要画模特儿，但学校的人体课常常只局限在年轻男女身体的观察，缺乏对人体更深刻的开拓。我在大众浴池看到的人体来自各种不同阶层，看久了，劳动者、上班族、富贵者和困苦者，忧虑者或个性开朗的人，都一目了然。上了年岁的人，日积月累，身体像衣服，都有自己的风格。有的可能中风重病之后，长期和病痛相处，身体形成独特的平衡牵制。有老人佝偻着手脚，艰难行走，脱衣服、舀水、入池，步步蹒跚，却也步步谨慎，看起来歪斜，其实端正庄严。使我想到古老大树，屡遭风雨斧斤摧折，却还能长出新的姿态。古画里爱画这种树，仿佛青春虽美，但未经历练，虚有其表，不如老树顽强遒劲。

一日遇一壮汉，喝醉了酒，一脸红赤，看起来像金刚。他脱了衣服，从双肩以下，一直到小腿肚，浑身刺青，密密麻麻，像美丽织锦。他入池浸泡，老人告诫："喝完酒，不宜泡汤。"壮汉瞪视老人一眼，并不理睬。十余分钟过去，老人再次告诫："泡太久，头会晕。"壮汉闭目不言语。那天浴池特别安静，好像预料大难临头，有人悄悄离去，也有人向老人使眼色，似乎嗔怪老人多事招惹。三十分钟后，壮汉出池，才走两步，忽然倾倒在地，大家惊慌不知所措，老人叹口气，摇摇头，佝偻蹒跚上前料理，在壮汉颈脖胸背间拍抚揉搓，待壮汉苏醒。

在大众池泡汤，觉得是与众生共浴，少了许多肉身的好恶是非。

二〇〇四年二月九日

立春

我与这些肉体共浴，看各家练功法门，知道肉身艰难，学会了敬重。

肉 身

现代的人体美学，大多受古代希腊美术影响。希腊在公元前七七六年的竞技运动场，已经在奥林匹亚地区发现。

运动场依山而建，利用四周平缓的斜坡做观众席，也就是希腊圆形剧场的前身。

竞技不只是单纯体能训练，竞技主要是为了酬神，因此活动项目也包含诗歌咏唱，戏剧舞蹈演出。在奥林匹亚运动场周边，废墟中甚至也整理出了神殿、图书馆、哲学论辩教室的遗址。

我在那些遗址间徘徊，想到柏拉图不仅是大哲学家，也是摔跤竞技的高手，古代希腊在体能和心智教育之间的平衡，也许才是树立人体美学的关键吧。

去不同的温泉泡汤，看到的人体肉身也非常不同。近二十年台湾经济的发展，产生像台北一类典型的现代都会。传统市镇人口涌入大都市，成为工商职场中的上班族，在都市赁屋而居，或贷款买一户小公寓。都市空间狭小，工作压力也大，竞争激烈，现代上班族的心理困境不容易纾解。离开职场以后，如何放松自己，如何休闲，成为现代都会男女的重要一课。

台湾都市近几年新兴的健身行业，显然是为上班族的休闲生活而设计。健身房用希腊伟人命名，贴出的广告也都是希腊雕像模式，胸肌腹肌三角肌，有一定的机器帮助，可以在短时间训练出健美的身体。

台北北区最近都会的边缘，沿着磺溪上游硫黄谷，也新兴十数家温泉餐厅，二十四小时营业，到了周末假日，满坑满谷的人，大片山谷停满车子，比市中心还要热闹。我经友人引带，去过几次，汤池的设计比较新颖，有冷泉、热泉，也有水疗的SPA、蒸汽室或烤箱，当然收费也比传统浴池要贵。

来此泡汤的消费者，多是年轻上班族，大约也都是上述健身房的会员，泡汤时展露一身鼓鼓的肌肉，使我大开眼界。儒家文化影响，一向不重视人体，台北"故宫博物院"看不到几张以人物做主题的绘画，更不可能有裸露肉身的描绘。这些新兴健身房出来的肉体，虽然有些速成，偶尔也有点虚张声势，但是从整个文化对人体的重视而言，这个趋势的确使人一新耳目，当然，如果浴池边能有一个小小的阅读空间，速成的肉体之外，也能有丰富的头脑思维，不至于语言乏味，那就更加完美了。

也许是年龄的限制吧，我怀念的还是传统老式温泉浴池的肉体。肉体使人记忆，通常是因为有独特的个性，有不可取代的自信，有自我满足的生命内涵，所以可以圆融自在。

传统温泉浴池里的肉体，大概全都不合古希腊的标准。他们臃肿肥胖，或瘦骨嶙峋，千奇百怪，像许多不同生态的植物或动物，一个脖子长出许多肿瘤瘰疬，像顽强的树根，另一个得了帕金森病，手脚抖动抽搐，看来惊心动魄，好像狂风暴雨中的大树，但他怡然自得，好像与病痛灾难已相安无事。

到了中年，这些肉身，快乐或不快乐，都找到了和自己和平相处的方法，这些方法，看在他人眼中颇为奇怪，第一次看到有人用背猛力撞墙，我大为惊恐，共浴的人平静地说："他在练功。"

日子久了，各种练功法门陆续见识到。有人龇牙咧嘴，有人两脚双盘倒立，有人捶胸顿足，有人如狼嚎，有人扭腰，有人撅臀放屁，撞墙竟是最正常的练功。天寒地冻，我与这些肉体共浴，看各家练功法门，知道肉身艰难，学会了敬重。

二〇〇四年二月十六日

「美」好像是心里埋藏很久的记忆，搁置在角落，连自己也忘了，却忽然被触动。

品味

"美"这个字，在日常生活中，用到的机会很多。觉得一个人很美，一片风景很美，读一首诗，看一幅画，听一段乐曲，心里感动，也都可能说："很美"。

《说文解字》从字源上注解"美"，把"美"上下拆开，解释成"羊大为美"。

近代研究美学的学者，有人认为，"羊大为美"指的是人类最初吃羊肉的快乐。"美"这个字，因此应该起源于味觉。

这一派学者的理论，到目前为止，并未获得美学界一致的同意。一般人也以为，目前我们用到"美"这个字，还是有比较多"精神""心灵"的内涵。觉得一个人很美，觉得一片风景很美，欣赏绘画，聆听音乐，心情上愉悦丰富的感觉，似乎与"吃羊肉"的快乐有所不同。

"美"这个汉字，由"羊大"二字合成，是否与吃羊肉有关，在美学领域还有争议。

我们凝视一个人，觉得这个人很美，他的一颦一笑，都变成牵挂，有时对方并不知道，只是自己私下欣赏，心里也满足喜悦。我们面对一片夕阳，看到西天上刹那间色彩灿烂的变化，我们看到的仿佛不只是风景，也同时看到了所有生命完成自己时的庄严。春天走到山上，看到满山花朵的绽放，忍不住欢欣鼓舞，想放怀尽情大叫几声。偶然在宁静夏夜海滨，一抬头看到满天繁星，心中忽然好像被许多喜悦惊讶充满，竟然可以热泪盈眶。

许多生命中的美，并不是物质，没有实际利益，但是，情动于中，留在记忆深处，久久不能忘却。

"美"好像是心里埋藏很久的记忆，搁置在角落，连自己也忘了，却忽然被触动，深藏底层的生命，一时被呼唤了起来。

吃羊肉，当然有快乐，不只吃饱肚子，也在口腔间留有许多滋味。但是，"吃羊肉"的滋味，毕竟与许许多多内心深处极其复杂的心灵变化有所不同。近代美学因此更精细地分别，把口腔上官能的快乐称为"快感"，心灵上丰富的满足才构成"美感"。

孟子说："充实之谓美。"的确，"美"使生命充实了起来。

一个人，如果在饥饿的时候，吃一顿羊肉，无疑是非常大的快乐。空空的胃，被食物充满，一定也是"充实"的满足。但是太过饥饿的时候，狼吞虎咽，甚至饥不择食，就只有器官上的充实，可能连口腔上的滋味都品尝不出。"品尝"，因此并不等于"吃饱"。

物质缺乏，太过饥饿的社会，人如同动物，只满足生存最基本的需求，"吃到饱"其实无可厚非。但是，人类在脱离饥饿阶段之后，一直停留在"吃到饱"的满足，口腔中所有复杂的味觉潜能都无法开发。吃得粗糙野蛮，品尝不出酸甜苦辣咸的丰富变化，也就品尝不出五味杂陈的人生况味。

西方人讲一个人的生活质量，常常用到"taste"这个字，中国从东汉以后，特别重视"品"。欣赏诗的书叫"诗品"，欣赏画的书叫"画品"，评论人物言行举止性情，叫作"人品"。"品"，也就是

"品味"。"品味"两个字都与"口"有关，但已不是用来"吃到饱"的"口"。

"品"如果不是一个口，而是三个口，一定是口腔的味觉已经有了不同层次的需求。生活有品味，生命有品味，还是要有比"吃到饱"多一点的精神心灵上的满足吧。

一个人没有"品味"，即使财大气粗，仍然是精神上的穷人。一个社会，没有"品味"，物质越富有，精神越是困窘空虚。

二〇〇四年二月二十三日

雨
水

甜味变酸，好像是幸福失去之后的怅惘。

喜欢酸味大概是迷恋忧伤的开始吧。

甜 酸

　　"品味"两个字，直译也就是"品尝味觉"。

　　把糖放在口中，以舌尖为主，整个口腔会蔓延起一片甜的滋味。我有朋友嗜好巧克力糖，得到一盒比利时制新鲜巧克力，如获至宝。我喜欢看她慎重把糖放入口中，抿嘴微笑，脸上洋溢难以形容的幸福表情。她后来吃糖太多，受医生警告，必须节制，她还是在冰箱放一盒最好的巧克力，忍不住时拿出来看一看。她说："奇怪，连看一看，也会笑起来。"以后有学医的朋友告诉我，某些糖中的确有使人亢奋的成分，可是她没有吃，只看一眼，都觉得幸福，显然又不只是生理反应。

在不同的文字语言中，"糖""甜"都有引申为"亲密""爱"或"幸福"的意思。把自己亲密的爱人叫作"甜心"，是用生理口腔中糖的甜味记忆，比喻心理上充满爱意的幸福感吧。

好像美国人最喜欢叫人"甜心"，美国的食物也最甜。甜是幸福，但是在美国住，总觉得甜味泛滥，幸福满溢，有点腻人。食物和文化都过甜，也许是历史太短的缘故吧。小孩子大多喜欢吃糖，人生才开始，天真无邪，甜味就像是童年的无忧无虑。

我的童年，食物不多，一碗白稀饭，搅上白糖，一颗糯米粽沾细白砂糖，甜味加稻米香，回味无穷。有长辈从美军福利站弄到一包加奶油的"白脱糖"，母亲置之高阁，功课做完，或考试高分，才奖赏一颗。童年时，糖就像神迹。我去教会听《圣经》，耶稣显奇迹，变出五饼二鱼，我总觉遗憾，怎么没有变出一包"白脱糖"。

甜味是人类最初感受到的味觉快乐吧。

年长以后，酸、辣、苦、咸、臭，经历人生诸多况味，看到孩子伸手要糖，只知道甜味美好，我虽心疼，却愿意纵容。

甜的东西，放久了，常会发酸。感觉酸，多在舌头两侧。

小时候爱吸手指，母亲就在我手指上涂了醋，我一吸，酸到皱眉缩肩，母亲大笑。吃水果怕酸，总要看别人先吃，知道不酸了，才敢尝试。姐姐那时候十几岁，已是少女，却嗜酸如命。她整天含着酸梅山楂一类酸渍食物，菠萝芒果也都要挑青涩未熟透的吃，取其酸味强烈。吃面也用醋调味，我那时不能了解，怎么有人会喜欢酸味到如此地步。

甜味如果是纯粹幸福的陶醉，酸味似乎多了一点忧愁。

在姐姐之后，我逐渐也懂了酸的滋味，开始喜欢起"酸"在味蕾上带一点刺激的清醒。我已经读中学，发育了，有一些身体上的变化，有点害怕，又不愿与他人分享。喜欢孤独，喜欢看似懂非懂的书。歌德的《少年维特之烦恼》，总拿在手上，很久都以为是《少年维"持"之烦恼》，觉得有书可以教人"维持烦恼"，真是太棒了。

喜欢酸味大概是迷恋忧伤的开始吧。甜味变酸，好像是幸福失去之后的怅惘。西方常有讽刺性的"酸苹果奖"，中国古代常用"酸"形容文人失意落魄的委屈，有着一点对幸福甜味的忌妒不平。

料理中常常糖醋并用，甜味加上酸味，混合了幸福与忧愁，好像更接近人生的滋味。

　　我懂得酸味的丰富时，才十几岁，母亲已过中年，她那时嗜吃辣椒、苦瓜，而且要加上发臭的豆豉咸鱼干爆炒，苦、辣、臭、咸，我掩鼻而过，还不能领悟她的人生滋味。

二〇〇四年三月一日

惊蛰

我们一样追逐美，追逐流行，追逐品牌，只是没有机会反省，后代如何看待此时风尚。

风尚

我在土耳其参观了一家丝织地毯工厂，看到他们示范，把一颗蚕茧用水煮开，从茧中缫出一根细丝，越拉越长，示范的人说："一颗茧，可以拉出一公里长的丝。"我们目瞪口呆，示范的人说："蚕茧是从中国传入。"他于是告诉我们"丝"原来是中国的产业秘密，六世纪时，一位公主嫁去拜占庭，把蚕茧藏在头发里带出去，养蚕缫丝的方法才传入西方。

唐代运送"丝"到西方,开拓出一条"丝路",是世界史上最伟大的一条产业道路。唐代画家张萱画有一张《捣练图》,原画佚失,宋徽宗监督的一幅摹本,现藏波士顿美术馆。画中描绘宫廷捣练、缲丝、缝纫、熨平,种种与纺织有关的工作,不仅是一件美术杰作,也是唐代纺织品产业的重要史料。

蚕丝的历史似乎追溯到神话时代,传说中的嫘祖,看蚕吐丝,竟然织出尺素,创造了人类最重要的服装文明。

不仅看蚕吐丝,蜘蛛结网,也启发了人类的纺织灵感。古代民间,女子每逢七月七日,向天上织女星乞巧,希望做出最精巧的织品,乞巧仪式的道具中就有蜘蛛一项。

通常想到衣服的功能,总会首先想到"御寒"。茹毛饮血的时代,天气寒冷,把动物皮毛围在身上,可能是最初服装的开始吧。"御寒"是很实际的目的,除了"御寒"之外,衣服的功能也包含了"蔽体"。像欧洲古代男女裸体雕像,在下体私处放一片叶子,当然没有御寒作用,只是为了遮蔽身体某些不该看的地方,用现代俗语,就是不"露点"。"露点"属于道德议题,直到今天,衣服露不露点,还是众人乐于谈论的大事。甚至特别设置机构,专门检查"露点"。道德议题变成法律规范,衣服在人类历史中,逐渐被附加了许多复杂的社会价值。"佛要金装，人要衣装"，民间俗语很早说出了两者间的重要关系。

古代社会把服装定出严格的阶级，"万国衣冠拜冕旒"，"冕"是皇帝头上的平天冠，"旒"是冠上垂下的珠串流苏。"衣冠"成为社会阶级身份的定位，我们口中说的"绅士"，"绅"这个字，也来源于上层官场男性腰上佩的垂带。

越是文明的社会，服装越可以玩出千变万化的花样。

欧洲十八世纪流行洛可可风，男人一头银白假发。发卷一条一条，像弹簧，一动作就上下颤动。脸上也时兴贴满假痣，法国几个国王的画像，一脖子蕾丝花边，红色镶钻高跟鞋，不知道历史背景，通常会误以为是一代名妓。

国王内心深处希望自己是妓女，很够颓废，那时正是启蒙运动思潮，却很少有人认为，国王向往妓女，也是种人性解放。

洛可可风的女性服装也有趣，流行丰乳细腰。服装的设计要把腰勒细，乳房往上堆挤。学者研究，许多女性动手术，截去肋骨下段，把腰绑成十七英寸，再用鲸鱼骨制成绷架，加大臀部。因为腰勒得太细，内脏都挤在上胸，氧气不够，常常晕倒，所以手上拿东方折扇，带着嗅盐，随时急救。服装史是一环扣一环的。

189   春日

许多人对欧洲洛可可时代女人的风尚不以为然，但是不要忘记，一百年前，台湾稍有身份的家庭，也还保留女子缠足的习惯。从小把脚用布缠紧，阻止脚长大，巴黎人类学博物馆有中国小脚X光拍摄记录，脚部骨骼蜷曲一团，令人作呕。缠足或截断肋骨，现在看来都蛮可怕，当时却是风尚，是服饰流行，是大众公认的"美"，没有人敢违抗。我们一样追逐美，追逐流行，追逐品牌，只是没有机会反省，后代如何看待此时风尚。

二〇〇四年三月八日

惊蛰

我喜欢古人说的「布衣」两个字，春暖以后，穿着布衣，看街上花花绿绿绫罗绸缎，繁华耀眼，真是人世风光。

布衣

衣服原来只有"御寒""蔽体"这些基本目的。随着人类社会的复杂化，服装发展出阶级、种族、性别，各种文化特征，成为定位个人社会角色最重要的符号。

我们常常不知不觉在用服装判断一个人的身份。判断这个人有钱或没有钱；判断这个人是保守的人，还是前卫的人；判断这个人高尚或下流，做事有魄力，或优柔寡断；有独立见解，或人云亦云；

甚至判断这个人是好人或坏人。服装像动物身上的皮毛爪牙，传达着一定的信号。

西方用"白领""蓝领"区分社会阶级。趋势专家，用女性流行长裙短裙，判断社会大众心理渴望稳定或希求变革。纽约大都会美术馆有"Men in Skirts"特展，探讨为什么近代女性服装大量学习男性，而相反地，男性服装却没有向女性学习。我在现场，看到各种男性穿起裙子的展示，的确引发我对服装在文化符号上的深刻思考。

长久以来，服装成为定位个人的标志。好像从内在世界去了解一个人太困难了，用服装来分类要简单得多。因此，每一个人，不知不觉，都穿上了制服。每一种服装，事实上，也都是不同程度的制服吧。

做学生的时候，学校有规定的制服。圆盘帽，土黄卡其上衣长裤，左胸要绣上学号姓名。战后台湾的气氛下，学生制服其实是军队服装的扩大。制服当然有方便管理的意义，最主要在让人容易辨识。

医生、护士有制服，代表职业给人的信心吧，用服装来加强专业的说服力。警察、消防队员执行任务时也穿制服，西方法官律师常常在法庭穿着特别的制服，都有相同的功能。不同教派的神职人员也大多有规定的制服，神父、修女、和尚、道士，在社会里扮演一定的角色，也需要有容易辨认的服装来做身份的归类。

在台湾战后受教育，穿着像军人的制服长大，头发也剪成一样，远远看去，每个人都没有差别，无法思考自我特性。我因此对制服一直怀有偏见，觉得制服是泯灭个性的杀手。监狱的犯人剃去头发，拿去名字，穿上制服，只有一个编号，制服有消除一个人自我个性的功能。

民主社会，政治人物妄想借服装巩固个人权力，已经越来越难。人民自我意识提高，政治服装，无论如何包装，还是让人警惕，也因为动机实在不美，穿在身上，只有徒增愚蠢。

美是和谐，并不是一致。和谐基本的条件是个体的不同，音乐里的"和谐"是不同音符声调的配合，绘画里的"和谐"是不同色彩构成的互补关系。

我的一个朋友很喜欢制服，反驳我的看法，他认为制服给他"团体""友爱"的感觉。经过他的提醒，我修正了对制服的偏见。我排斥的制服，应该是指被他人强行规定的服装，是指没有独立思考、附庸团体的服装，是没有自我、不敢表现独特个性的服装。

当然，昂贵的"名牌"也同样可以是一种制服。用政治权力造就的"制服"和用昂贵名牌标签造就的"制服"，同样是懒于思考的结果。

我喜欢古人说的"布衣"两个字，春暖以后，穿着布衣，看街上花花绿绿绫罗绸缎，繁华耀眼，真是人世风光。我又想象"两袖清风"的自由自在，或许，穿得自在，也就有了风格吧。

二〇〇四年三月十五日

春分

春雨连绵，麻雀会来屋檐下避雨，它们不多久飞去，再来时口中衔草。

吾庐

　　春雨连绵不断，几只麻雀飞来檐下避雨，停栖在我窗台。不到一尺距离，我停下工作，细看麻雀转头顾盼，小心翼翼，抖落身上雨珠。我不确定，它们是否看懂我脸上的微笑，逐渐没有戒心，一步步靠近，与我相对凝望。

　　想起陶渊明的诗"众鸟欣有托，吾亦爱吾庐"，麻雀暂来屋檐下托身，使我一时眷爱起自己的家。

童年住在城市边缘，家的四周是菜田。走在田陌间，菜花招来蝴蝶飞舞。清溪水渠环绕，水声哗哗。脚步踏过，青蛙纷纷跳入水中。我低头看，浊水澄清处，水上漂着浮萍、菱叶，水底密聚螺蛳、蚌壳、蛤蜊。

　　菜田边一排四栋黑瓦平房，是省政府宿舍，我家是第一户。斜屋顶，洗石子灰墙，竹篱围绕一圈。因为是边间，院子特别大，种了许多植物。柳树、扶桑、芙蓉、番石榴高大枝丫横伸出竹篱，常引来路人攀折；低矮的草本花卉有海棠、美人蕉、鸡冠花、雏菊，菜圃里还有母亲种的西红柿、茼蒿、蕹菜、辣椒、茄子。红嫣紫翠，颜色纷纭，一年四季都好看。

　　每日下课，回到家，帮忙喂鸡喂鸭是我的工作。我先跟姐姐去池塘，用竹篾编的箩捞浮萍，再随哥哥去沟边挖蚯蚓，这两样都是喂鸭子的食物。黄昏以后鸡鸭鹅都回家，各在院子占一角落，相安无事。偶然一只公鸡跑去追鸭，母亲厉声喝止，骂道："做鸡也不安分！"母亲语言挺奇怪，我听不懂，公鸡却似乎知错，低头回到鸡群，乖乖卧下不语。母亲高兴，便赞美："比人还懂事。"

　　我家养了鸡鸭鹅，没有养猪。附近邻居几乎家家养猪，家门口都置一土瓮，用来盛装厨余馊水。后来我才知道，"家"这个汉字，

197　春日

象形着屋顶下养了猪。汉代墓葬出土最多猪圈，猪圈形式不一，方的圆的都有，造型稚拙可爱。一只肥大母猪，躺在地上，五六只小猪崽趴着吸奶。汉代绿釉陶制作的猪圈、水井、灶间，洋溢着生活的幸福感，使人领悟，"房子"并不等于"家"。"房子"只是硬件，"家"还是要有人的生活内容。现代城市的建筑，无论多么富丽堂皇，不知道为什么，总让我觉得，屋顶下常常少了内容，"家"变成空的壳子。

农业时代，屋顶下总要豢养点牲畜，才像一个家。灶间总要锅碗瓢盆，有点柴米油盐气息，才像一个家。现代工商业社会，屋子里豢养牲畜当然困难，工作忙碌，家里自己开伙的也越来越少。我常常在想，如果再造现代汉字的"家"，屋顶下应该放进什么内容？

屋顶下是否至少应该有个"人"呢？我不敢确定。

许多讲究的住宅设计，总让我觉得是一个橱窗，橱窗只需要在外面观赏，并不需要生活，不需要有"人"做内容。一个朋友邀我看她的家，说是"极简"风格。我走进厨房，进口的厨具簇新，外层的护膜还在。我又走进卫浴间，全白的颜色，从天花板到地面，干干净净，镀金的水龙头发着冷冷的光。一面很大的镜子，映照出我和主人的脸。我问主人："在这里住了多久？"她想一想，说："两年了。"
听起来好荒凉。

　　我没有说什么，我怀念起自己的家，怀念起小时候种满花树的
家，和鸡鸭一起长大，黎明时会被杀猪的凄厉叫声惊醒。我也怀念
起现在的家，窗外有一条大河，月圆时会在窗台打电话给远方朋
友，要他抬头看一看月亮。

　　春雨连绵，麻雀会来屋檐下避雨，它们不多久飞去，再来时口中
衔草，在檐下隐蔽处跳跃忙碌，似乎决定此处是可以安身的处所。

二〇〇四年三月二十二日

春分

我咀嚼着「囚」这个字，开始有点忧伤，但也随即领悟，「囚」首先必须要懂得与自己相处。

城市

以前有人嘲笑上海人，讲究穿着，钱都花在穿戴上，一旦掉进臭水沟里，全部家当都毁了。

这显然是农业社会对城市人的讥讽。农村居民日日劳动，不可能讲究衣服，不能理解城市人为什么要穿得漂漂亮亮。城市人口大多是工商业职场上班族，服装必然成为每日与人接触的第一印象。名牌服装店，也多开设在城市中产阶级密聚的小区。衣食住行，随着一定的经济形态演变，不是个人主观可以左右。不同的社会背景，不同的经济条件，产生不同的生活美学，原没有好与不好的问题。

工商业发展的初期，农村人口向往城市，流行歌《孤女的愿望》耳熟能详，那个提着行李，站在田边，询问"繁华都市怎么走"的少女，正是加入城市职场最早的成员。她离开农村，在城市找到栖身所在，租了一户单身公寓。她最初几个月的工资，一定先用来买新衣服，脱去小碎花布的裙子，换上剪裁合身的套装。去美容院剪掉两条辫子，整理出新发型。她把自己打扮得光鲜靓丽，先从服装上改变自己，但是，可能还不会特别讲究住宅空间设计，因为这个"家"只是租来的房子，也不会有什么访客。她的房间里可能堆满各式泡面，除了和同事上餐厅，回家也绝少开伙。上班族的吃，大多是快餐，也很难有所讲究。

工业革命，城市发展初期，衣食住行，都受到巨大的冲击。我的童年，母亲通常是全职的家庭主妇。一把青菜可以摘去虫叶，抽去老的筋丝，一片一片在水下冲洗。一条鱼，刮去鱼鳞，剔掉鳃，加姜丝，用小火慢慢煎烤。一件衬衫，用肥皂细细搓洗袖口、领子。记忆里，母亲一整天都在忙着家事，家事也就是细致生活的学习。

我对童年吃过那把翠嫩的青菜，那条煎到透黄香酥的鱼，那件穿在身上感觉到日晒温暖的衬衫，都心存感谢。也同情比我小一代的人，已经无法享受我的福分。但是我并不怀旧，我知道不仅怀旧于事无补，从更积极一面来看，不同的社会条件，也应该可以缔造出独具特色的文明。

男性女性同时走入了职场，"家"需要新的内容。都市空间的限制也改变了传统大家族的生活模式。三代或四代同堂已成梦想，洗衣机、洗碗机、吸尘器、电饭锅、微波炉各种发明，要解决人类在家里的劳动负担，要让机器分担人类的家事。但是，没有想到，人类已经不再想回家了。"家"好像是现代科技的展示中心，什么设备都有了，然而没有人，一切的科技都只是摆设，"家"反而更荒凉了。

单亲的家庭越来越多了，单身或不固定的伴侣关系，也越来越多了。城市的住宅空间，三房两厅的小家庭空间设计，转变到更多小套房形式的出现，社会随经济形态转变的伦理关系，主宰着衣食住行的美学走向。

城市其实是非常寂寞的地方，每一个小小的空间，囚禁着一个人。"囚"这个字，一个框框，里面一个人，很象形的字。城市常常使我觉得是重重叠叠的"囚"，高高低低的"囚"，前前后后的"囚"，"囚"变成了城市空间的基本单元。框框里的人，想走出去，不在框框里的人，却想尽办法，想挤进框框，好像挤进框框就安全了。

我咀嚼着"囚"这个字，开始有点忧伤，但也随即领悟，"囚"首先必须要懂得与自己相处。现代城市的新伦理，在急切地与他人沟通之前，或许应该先学会回来和自己相处，学会独处的乐趣吧。

我的城市常常被批评为丑陋的城市，但我没有选择，我决定爱她，我要走出去，看春天路边的行道树，看阳光下小叶榄仁刚发出来翠绿的嫩芽。

二〇〇四年三月二十九日

清明

因为可以慢慢步行，有了崇高的宗教，有了深沉的哲学，有了悠扬跌宕诗歌的咏唱。

迟行

一条路上，间隔不远，一株盛放的木棉花，使我停下来，抬头看了好几次。树干直挺耸立，树枝平平伸展出去，像手臂，承接着一朵一朵赭黄橘红的花。仰头看，整株木棉像一支盛大的烛台，满满一树花朵，艳红鲜黄，像明亮灿烂的烛光火焰，一齐点燃，在阳光下跳跃闪烁。春天的城市，像被节庆祝福，路过的行人，也都感染到喜悦。

有些路人或许有急事要办，匆忙走过，无法注意到这个季节木棉花的盛放。我正低头看地上落花，听到他们脚步声急急走来，赶快让开，怕阻挡了他们的去路。

我很喜欢东方园林建筑里的亭子，空间不大，四面无墙，只是暂时供人停留。在山水画里，亭子常常只是一个小点，或在水边，有扶栏可以倚靠，看水流低回，浮沫此起彼落；或在山路迂回的平台，眼前豁然开朗，可以远观山色，眺望大河浩荡。

"亭子"就是"停"的暗示吗？行走盘桓在长长的路途上，我希望前进的速度更快吗？还是我要学习懂得如何停留，懂得在路旁的亭子稍做休息，四处浏览，而不只是匆匆赶路。

如果人生是一条路，从生到死，我希望这条路是高速公路，一通到底，快快走完吗？或者，我更希望在这条路上，可以多一点迟延，多一点迂回，多一点过程，多一点停留。

人类最早只是步行，步行的空间范围很有限。把台北市旧的北门、南门、西门、东门，四个城门连接起来，也就是原来城市步行走出来的尺度。不只是台北，所有以步行速度规划的城市空间，范围都不会太大。欧洲许多老城市，像意大利的锡耶纳（Siena）、翡冷翠（Florence），西班牙的托莱多（Toledo），都还可以完全用步行游览。老城市的巷弄，弯弯曲曲，高高低低，本来就是居民长久用脚走出来的路。

步行可以达到的空间范围不大，步行的速度缓慢，人类慢慢走着，在步行的速度里思考，随时停下来，观察季节的变化，看天上星辰移转，等待太阳落山，整理自己的思绪，反省自己生命的状态，探索宇宙的现象，思维信仰的价值。他们一步一步走着，好像步行的节奏成就了思维的节奏，因为可以慢慢步行，有了崇高的宗教，有了深沉的哲学，有了悠扬跌宕诗歌的咏唱。

或许，我们已经遗忘，人类最初的文明，是在漫长步行的路上，一步一步，缓慢行走出来的结果。

我的脑海里，常常有一些步行队伍的画面。在古老的印度，修行的僧侣，手上捧着钵，一步一步走在尘土飞扬的路上。走到河边，洗脚沐浴。洗完脚，在树下铺了座位，静静聆听佛陀说法。我步行去了恒河边的鹿野苑，也步行去了已成废墟的那烂陀，在玄奘读书的经院，体会步行者思想的节奏。我在雅典卫城铺了大理石板的山路上徘徊迟行，想象古希腊的哲人如何一边走，一边议论哲学。他们的步行也好像一种逻辑，每一步都条理分明。荷马的吟咏唱叹，流传在城市的街道上，他失明的双眼，看不见路，手里的棍子，一点一点，也都是步伐的节拍。

我步行走去灞桥，黄埃漫漫，仿佛还听得到桥下流水，桥边杨柳依依，送别的人与告别的人缓缓走来，送别和告别，时间都很长，可以折一段柳枝做纪念，可以劝君更尽一杯酒，可以吟诗唱和。仿佛因为步行，也就多了许多心事。"门前迟行迹，一一生绿苔"，李白说的是男子离去后地上的脚印，女子在门前凝视，脚印一步一步，一天一天，长满了绿苔。那些迟行的脚印，走得那么慢，走在岁月里，走出了眷恋，走出了不舍，走出了思念，走出了感谢与珍重，走出了文明的厚重绵长。

二〇〇四年四月十二日

清明

我们已经忘了，「缓慢」也是一种速度，「迂回」「婉转」也是一种抵达的方式。

速度

　　我走过一条古道，从台北盆地基隆河河谷，翻山越岭，一路步行，走到兰阳平原。记得是先坐火车到铁路支线的侯硐、贡寮。这一带原来有兴盛的煤矿产业，我去的时候，产业已经没落，矿坑废弃，居民多已外移。从基隆河谷地向上走草岭，山路迂回，一段一段攀升，沿路少有住家。远远望去，一条长长的黄泥土路，穿行蔓延在草丛树林间。走到一定高度，可以回头看山下长河，蜿蜒流去，河谷山坡上还看见一排排昔日矿工的工寮住宅。

这是初民用步行走出来的路，我亦步亦趋，感觉一条路被人的双脚一步一步走出来的记忆。走到较高的地方，杂木丛生，藤蔓交错，路旁有巨石，石上刻着"雄镇蛮烟"四个大字，书法浑厚雄强，早期汉族移民行走至此，前途茫茫，胆战心惊，这四个大字或许可以给孤独的行路者壮一壮胆吧。

草岭古道走到最高处，巨石立碑，碑上大笔狂草一"虎"字。此处正当山路隘口，两旁没有杂树，大片草坡，强劲海风，几万里吹来，风吹草偃，加上石碑虎字，直觉气壮山河。

山路盘桓草丛间，一直下降到兰阳平原，田野平畴，都在脚下，视觉开阔，可以远眺到海，好像险境都过，前途豁然开朗。

一条步行的路，慢慢走来，可以有许多过程，也有许多心境。

步行当然有步行的辛苦，许多年前上玉山，走的是八通关古道，同行年轻伙伴轮流帮我背背包，减轻我身上大半负担，那条路还是走得十分艰辛。在春雨连绵里过父子断崖，同伴告诉我断崖陡峭，下面万丈深渊，亲如父子，到此也无法援救。下山后，大腿小腿酸痛多日，身上许多处肌肉长久不用，步行走一次山路，才感觉到它们的存在。

人类现代文明，不断把险路开拓为平坦大路，把迂回弯曲的路，变成笔直的高速道路。道路的设计，道路的施工，唯一的目的，只是使行走的速度更快。

牛车、步辇、舟船、驴马、骆驼、大象……人类在数千年间发展出各种代替步行的交通工具。

"两岸猿声啼不住，轻舟已过万重山"，这是船行江上的速度；"回看射雕处，千里暮云平"，这是快马疾驰过草原的速度，唐诗里常常表现出速度带来的快乐与对速度的渴望。

对速度的渴望潜藏着人类想占有更大空间与更大时间的欲望。希腊神话的赫耳墨斯（Hermēs）脚下凉鞋有翅膀，《封神榜》的哪吒踩着风火轮，他们都是人类潜意识里的速度之神。

人类的速度感，在最近的两百年间发生了巨大的变化。工业革命创造的机械动力，彻底改变了人类交通的本质。十九世纪中期，欧洲出现最早的汽车火车。速度颠覆了旧有的时间与空间概念，速度甚至影响到新美学的产生，一八七四年诞生的印象画派，视觉速度显然变快，画家不仅以火车为题材，更重要的是，他们乘坐火车出去写生的经验，使绘画出现大量的光，出现快速度的笔触。他们的视觉离开了画室，离开了固定不动的物象，他们的视觉经验快速

211　　春 日

地变化，试图抓住刹那间一闪即逝的浮光掠影。

　　速度更快了，一条一条笔直的高速公路，复杂交错的城市捷运系统，磁浮列车，更快速的航空网络，有线与无线的通信系统，更快速传递信息的各种设备，手机、E-mail、实时通、同步视讯……人类在极短的时间不断加快速度，仿佛在无速限笔直的快速路上，脚猛踩在油门上，不断加速，忘了车上还有刹车。我们已经忘了，"缓慢"也是一种速度，"迂回""婉转"也是一种抵达的方式。许多先进的工业国家，已经不只是在思考"快"的问题，也同时在思考"缓慢"的意义。从高速度的快感追求，慢下来，体会"缓和"的悠闲，速度有了"人文"的质量。

　　　　　　　　　　　　　　　　　　二〇〇四年四月十九日

谷雨

所谓「道」，无非是在尽人事之外，还要领悟有天意，输赢之外，天宽地阔，也就可以哈哈一笑。

输 赢

　　人的一生有许多比赛，比赛总有输赢胜负。单纯看比赛本身，差距太大的比赛，都不好看。小时候看过一次美国篮球队来比赛，比赛一开始就叫"友谊赛"，可以想象，强势弱势，差距太大，只好强调"友谊"。一场比赛下来，美国球员又高又大，球好像黏在手上，一踮脚，球就灌进篮筐。台湾球员像热锅上的蚂蚁，在别人脚边绕来绕去，就是碰不到球。强势的一边大概也觉得打得太没意思了，完全不把对手看在眼里，便做起逗笑的花式动作，故意把球递给对方，又轻轻一旋，让对方扑空，一跤栽倒，全场大笑。

这样的比赛虽然好笑，其实没有意思，输的一边难堪，赢的一边也让人觉得欺人太甚。有意义的比赛，旁观者不只在看输赢，也在学习输赢里透露的生命质量吧。

好看的比赛当然要棋逢对手，世界级的运动会，输赢常常在分秒毫厘之间，比赛者都全力以赴。比赛结束，输者服气，并不丧志；赢者也谨慎谦逊，不敢有一点骄狂。好的比赛里，输赢双方，都是风范，旁观者有所学习，人性有所提升，比赛也才使人敬重。

强凌弱，众暴寡，不是比赛，应该叫作"欺负"。欺负他人，以为是赢，只是人性堕落，迟早要遭报应。

东方古代有重视输赢教育的传统，小时候拿着木剑玩具枪，乱砍乱射，地方武术师父就要呵斥："打斗也没规矩！"就教导几个孩子站好，学习拱手揖让，学习蹲马步，学习推手，学习过招，使小小儿童在玩耍中，知道输赢胜负都是品格。输赢间有了规矩，输赢被规范成崇高的仪式，输赢胜负转化提升成为美学。

无论博弈、下棋、击鞠、拳术、剑道、相扑、竞技，都是为了分出输赢高下的竞争，在最激烈的厮杀时候，引导冲突对立的双方，不只看到自己要赢，对方也要赢，不只自己在困境中求活路，他方也在求活路。两种冲突的力量，出现互动的关系，你死我活的拼斗间，也有消长。输赢间有了必然的规则，有了可以通过的道路。

所谓"道"，无非是在尽人事之外，还要领悟有天意，输赢之外，天宽地阔，也就可以哈哈一笑。

青少年时喜爱看日本武士片，高手剑道，进退攻守，美如舞蹈。武士持剑而立，凝神肃穆，好像击技到了高明处，并无敌人，只是端正自己，进退攻守，也就有了分寸规矩。民间流行的武侠小说，即使粗浅，写到高手过招，也都像弈棋鼓琴，或像品茗书法，动静进止，潇洒雍容，气定神闲，自有一种美的品格，绝不是血淋淋的厮杀。

比赛到了今日，常常你吐我一口痰，我咬你一口，你偷袭我一脚，我抓你一把头发，一个呼天，一个抢地，这样的比赛，无论输赢胜负，双方都已失了风范。输的死缠烂打，赢的轻浮嚣张，对人性的学习，一无好处。一旁的群众，如果不能省悟，还跟着鼓掌聒噪叫好，人性沉沦，莫甚于此。竞赛失去了规矩，无论结局如何，并没有赢家，从生命质量而言，只是全盘皆输。

这几年喜欢起了《易经》，不是把《易经》当书来读，而是喜欢在输赢的现象里对读《易经》卦象。《易经》似乎总是在暗示：输中有赢，赢中有输。吉凶祸福消长，除了当下立即的输赢，还有更长更久、此刻不可知的因果，因此无论输赢，都应当心怀慎重敬意。

我怀念起小时候庙口武术师父的教导，知道再激烈的厮杀比赛，不能失了"人"的分寸，失了人的分寸，也就没有比赛可言，只是野兽互咬，与文明无关。

二〇〇四年四月二十六日

谷雨

我到了山下，抬头一看，大山高峭陡立，不知从何爬起。

华山

久仰西岳华山盛名，四月初，终于有机会登上了华山。

秦汉以来，许多文学典故与华山有关。传说秦穆公时代，青年萧史，在山上吹箫，穆公的女儿弄玉，爱上萧史，不顾一切反对，抛下荣华富贵，千辛万苦，上山找寻萧史，至今山上还有他们吹箫引来凤凰的"引凤台"。

北魏道士寇谦之在华山筑观修道，采药养生，开创道家华山一派香火。

唐末大乱，名士陈抟隐居华山。赵匡胤开国，想请陈抟做官，陈抟避不见面，拒绝诏书。华山南峰上有一处断崖，被命名为"避诏崖"。

民间很喜欢陈抟，把他当神仙，称他为"老祖"。民间也相信赵匡胤最后亲自上山，还是要请陈抟做官。陈抟要求跟赵匡胤下一盘棋，陈抟说："你赢了，我下山做官。你输了，把华山给我。"现在华山东峰，有一处"赌棋亭"，相传是陈抟赢了华山的地方。民间传说，不尽可靠，但是在"赌棋亭"看江山，视野真好。赵匡胤输了棋，在山下做皇帝，华山上自有统治者管不到的人品心胸。

英雄人物来来往往，使一座大山也有了人文的历史。华山的英雄，不在人间叱咤风云，他们在山上吹箫、修道、下棋、采药，他们心中有一盘棋，知道什么是真正的输赢。

民间流行一种说法："五岳归来不看山，黄山归来不看岳。"五岳中西岳华山和东岳泰山特别有名。东岳泰山是帝王封禅的地方，帝王体力多半不行，要上山封禅，太难的山爬不上去。有人开玩笑，泰山不高，也不险，正好适合帝王，可以爬上去。爬上去以后，一览众山小，旁边也不乏阿谀的佞臣，马屁烘托之下，感觉自己君临天下，向上天报告伟大政绩，得意扬扬，这叫作"封禅"。泰山沾了帝王的光，到处都是帝王题联赐匾，碑铭勒石，连山上五棵松树也被封为"五大夫"，好像山川承受宠幸。其实，换一个角度来看，统治者自大，只是使山川蒙羞吧。每次登山，看到琳琅满目的铭刻，多是歌功颂德，马屁文章，我暗自想，如果我是山，一定要做统治者爬不上来的山。

华山不高，只有海拔两千一百多米，但是险峻。古来帝王到此，大多驻跸在山脚下的西岳庙，焚香祝祷四海升平，写写诗，赐赐匾，就走了，不必真的登山，华山因此逃过一劫，留下一些干干净净的故事，留下一些干干净净的人物。

华山的地质，资料说是一亿两千一百万年前形成。地壳异动，秦岭山系被挤压上升，渭河下陷，岩浆沿断裂隙缝蔓延，形成东西长十五公里、南北宽十公里的花岗岩结构。七千万年前，表层覆土剥蚀，巨石外露，远远望去，纯白的山体，峰岩峭壁，斧劈刀削，峥嵘嵯峨，我心里一惊，暗暗赞叹："好一座大山！"以前许多人告诉我，自古以来，攀登华山都在入夜以后。我问为什么？答案不一，有人说登上山顶刚好观日出，有人说，山路太险，攀铁链而上，八十度的仰角，千仞断崖，夜晚看不见，可以专心一意往上，没有恐惧，也没有旁骛。

我到了山下，抬头一看，大山高峭陡立，不知从何爬起，忽然想起弄玉，不知道她到了山下，是不是也像我一样，倒抽一口冷气，想要回头？华山上一处险峰就叫"回心崖"，当时并没有一人赞成弄玉上山完成自己的爱情。我也想到陈抟，不知道他干吗一定要坚持住在山上？

我咬咬牙，告诉自己"走吧"的时候，好像是因为相信，箫声还在大山上回旋；好像是相信，山的高处，有一盘没有下完的棋，想走去看一看输赢。

二○○四年五月三日

夏天

● ● ●

立夏

孤独者总是在寻找一座还没有人去过的山，在没有路的地方，走出自己生命的途径。

退之

两年前上过黄山，民间说"黄山归来不看岳"，夸赞黄山之美，认为去过黄山，五岳都可以不看了。我并不赞成这样的说法。每一座山，都有不可取代的特色，把山水也拿来排第一名、第二名，其实是人的偏狭。但是民间的俗语影响很大，我去黄山的时候，山上人山人海，同行的朋友说：到了假日，旅游旺季，人多得看不到风景。

黄山原来是难爬的山，空寂荒凉，少有人的足迹。明末清初，一些文人怀亡国之痛，拒绝与新政权合作，纷纷上了黄山。他们在山上看云飞泉流，领悟一座大山的沉默孤独，出现一批卓越的画家：石涛、梅清、渐江、戴鹰阿、萧云从……他们好像在画黄山，其实也在画自己；画山的陡峭高耸，也画自己的棱棱傲骨，画山的峰回路转，也画自己生命的绝望与希望。"黄山画派"人才辈出，成为近三百年来的山水主流，也为世人指引了亲近黄山的路。只是等游客大批蜂拥上山，孤独的指引者已不在山上，早随云烟飞去了四方。

　　孤独者总是在寻找一座还没有人去过的山，在没有路的地方，走出自己生命的途径。人群嗡集嘈杂的地方，通常是没有风景的。

　　黄山秀丽，峰石的形状千奇百怪。因为没有什么覆土，纯石体的巨岩，只有隙缝间长出松树，枝干顽强虬结，加上黄山云海，烟岚变幻，山峰常在虚无缥缈间，好像惊鸿一瞥，充满神秘的幻想性。

　　华山浑然大气，比奇巧秀丽，比神秘缥缈，比不上黄山，但自有一种壮大饱满使人仰望赞叹。明代初年画家王履有一套《华山图》册页，有写生的概念。但是到了华山，我想起的画家还是范

宽，是他藏在台北"故宫博物院"的不朽名作《溪山行旅图》。《溪山行旅图》一座大山，堂堂正正，立在中央，占去画面三分之二空间，顶天立地，一线飞瀑，直泻而下，没有一点妥协。民间常说"华山自古一条路"，峰不回，路也不转，一块巨岩，完完整整，三四百米高，窄狭石梁背脊上凿一条笔直梯道，不到三十厘米宽，两旁悬崖断壁，万丈深渊，仰角八九十度，直线而上，一口气登五六百级台阶，不能旁骛，必须专心一意往上，像走在一条飞龙背上，此处也就命名为"苍龙岭"。

唐代大文豪韩愈爬华山，在苍龙岭大哭，上不去，也下不来，写了遗书，从悬崖投下，县官得知，派人把他救了下来。从小读韩文，觉得他气壮山河，苏轼称赞他为"文起八代之衰"，一扫六朝文的靡丽，直追秦汉古风；为了谏佛骨入宫，他也敢冒死罪批判统治者，没有想到他会在华山的险途上胆怯。看到石壁上刻着大字"韩退之投书处"，气喘吁吁的登山者，到了这里，都停下来，哈哈大笑。韩愈字退之，在这里看到"退之"两个字，特别亲切，也觉得从小心目中觉得伟大崇高的韩愈，有了更平易近人的一面。

"韩退之投书处"使华山艰难危险的路途上，多了一处可以轻松一笑的地方。后来有个百岁老人走到这里，哈哈大笑之后，在旁边刻了另外一行字："李文备百岁笑韩处"。这个李老先生显然很得意，一百岁都爬上来了，真要好好笑一笑韩愈。

能够让别人笑一笑，能够让别人得意，有信心，能够在一千年的山路上使后来者领悟进退输赢，韩愈一向严肃耿直的脸上，仿佛有了一点偷笑的幽默。

我同行的朋友都比我年轻，体力也好，他们攻完北峰攻西峰，攻完西峰转身就攻南峰，我想到韩退之，领悟人有时可以知难而退，放自己一马，选了一树盛放的桃花，坐下来，向朋友宣布："走不动了，我要在这里'投书'！"

二○○四年五月十日

立夏

太史祠在韩城郊外，芝川环绕，背依梁山，一层层台阶上去，可以远眺黄河最宽阔的渡口。

史记

从华山下来，经合阳，直接去了韩城。韩城有"太史祠"，是司马迁的墓冢。但是这个墓是西晋修的，距离司马迁去世，已经有四百年，未必可靠。民间读《史记》，景仰司马迁，在他居住的故地，修坟立祠，使香火不断。这个坟冢，或许不是真的，却是一种纪念。是人们心中的坟冢，祭奠一个有骨骼的文人，纪念他的受辱，纪念他在受辱中坚持活着，纪念他活着写完《史记》，做了历史的见证。

到韩城的路不好走，一路颠簸异常，尘土飞扬。到了韩城已经入夜，喝了当地土产稠酒，酒酣耳热，听村落父老闲话野史，司马迁的故事，好像昨天才发生。秦腔里的李陵，哭声特别高亢，使我想起年少时读过的《报任少卿书》。想起夹在民族冲突中的士卒，深入胡地，弹尽援绝，白手血刃。他们死在边塞荒漠，尸骨无人掩埋。他们战败了，没有死去的，成为俘虏，屈辱活着。这样活着使统治者觉得羞耻，武帝下令族灭他们的家人，他们的父母妻子儿女，通通拉上了刑场。哭声震天的惨剧里，司马迁上书进谏，为这些士卒说话。震怒的统治者，只关心自己的权力，不在意任何他人生死，痛恨司马迁触犯天威，下令处死。

　　民间都相信，司马迁从死刑改宫刑，是为了要完成《史记》，《史记》是他屈辱活下来的唯一理由。

　　在韩城夜读《史记》，觉得初春的寒凉里都是司马迁的魂魄。少了《史记》，这个历史会少掉多少故事？会少掉多少可歌可泣的人物？荆轲、屈原、项羽、卓文君、豫让、聂政。那个在韩信落魄时给他一碗饭吃的"漂母"，常常使我走到河边，不敢小看一名无名无姓在河边漂洗衣服的女人。那个和屈原对话的"渔父"，也使我每在江边徘徊，相信捕鱼人中有大智若愚的隐者。《史记》书写了主流价值之外的另一种信仰。

《史记》里写得最动人的生命几乎都是现实里的失败者。四面楚歌声里悲歌慷慨的项羽，和常相伴随出生入死的乌骓马告别，和一生相爱的女子虞姬告别，他在生命的尽头忽然显现出悲欣交集的苍凉和温柔，在残酷的现实里留下一点美丽心事。

楚汉相争，刘邦是胜利者，《史记》写刘邦，提供了对胜利者另一个角度的观察。"楚骑追汉王，汉王急，推堕孝惠、鲁元。"孝惠帝是刘邦长子，鲁元公主是他的长女。成功的统治者在危急时，为了自保，可以把自己亲生子女推下车去。一名侍从滕公看不过去，下车救起两个孩子。但是刘邦急于脱困，再次把儿子女儿推下去。《史记》说："如是者三。"《史记》冷冷地书写着统治者泯灭人性、令人毛骨悚然的一面。原来取得权力，是可以如此不择手段的。楚汉相争结束了，项羽失败，刘邦成功。但是历史的论述并没有结束，司马迁笔下有另一种输赢。

《史记》塑造了许多令人怀念景仰爱恋的悲剧英雄。在此后两千年的历史中，项羽变成民间的故事，在田野父老口中流传，成为诗句，成为文学，成为戏剧，成为电影，"霸王别姬"书写了落难英雄和心爱女子的诀别，情深义重。对比刘邦为求自己生存，推堕亲生子女，项羽显然输了权力，赢了人性。有人性才能在人民口中流传，《史记》使楚汉相争有了另一种结局。

太史祠在韩城郊外，芝川环绕，背依梁山，一层层台阶上去，可以远眺黄河最宽阔的渡口。祠中有宋代塑像一尊，面容清，眼望北方。当地人解释：司马迁在怀念北国的李陵。

我绕到祠堂后方，孤坟一座，清代毕沅题的碑。很高兴这里没有一个皇帝赐匾，两千年来，司马迁坚持和统治者分庭抗礼。

二〇〇四年五月十七日

附录

雪——纪念母亲

没有什么能吵醒她，没有什么能惊扰她，她好像一心专注在听自己故乡落雪的声音。

雪落下来了，纷纷乱乱，错错落落。好像暮春时分漫天飞舞的花瓣，非常轻，一点点风，就随着飞扬回旋，在空中聚散离合。

每年冬天都来 V 城看母亲，却从没遇到这么大的雪。

在南方亚热带的岛屿长大，生活里完全没有经验过雪。小时候喜欢收集西洋圣诞节的卡片，上面常有白皑皑的雪景。一群鹿拉着雪橇，在雪地上奔跑。精致一点的，甚至在卡片上洒了一层玻璃细粉，晶莹闪烁，更增加了我对美丽雪景的幻想。

母亲是地道的北方人，在寒冷的北方住了半辈子。和她提起雪景，她却没有很好的评价。她拉起裤管，指着小腿近足踝处一个小铜钱般的疤，她说：这就是小时候留下的冻疮。"雪里走路，可不好受。"她说。

中学时为了看雪，参加了合欢山的滑雪冬训活动。在山上住了一个星期，各种滑雪技巧都学了，可是等不到雪。别说是雪，连霜都没有，每天艳阳高照。我们就穿着雪鞋，在绿油油的草地上滑来滑去，假装各种滑雪的姿势。

大学时，有一年冬天，北方冷气团来了，气温陡降。新闻报道台北近郊的竹子湖山上飘雪。那天教"秦汉史"的傅老师，也是北方人，谈起雪，勾起了他的乡愁吧，便怂恿大伙上山赏雪。学生当然雀跃响应，停了一课，步行上山去寻雪。

还没到竹子湖，半山腰上，四面八方都是人，山路早已壅塞不通。一堆堆的游客，戴着毡帽，围了围巾，穿起羽绒衣，臃臃肿肿，彼此笑闹推挤，比台北市中心还热闹嘈杂，好像过年一样。

天上灰云密布，是有点要降雪的样子。再往山上走，山风很大，呼啸着，但仍看不见雪。偶然飘下来一点像精制盐的细粉，大家就伸手去承接，惊叫欢呼：雪！雪！赶紧把手伸给别人看，但是凑到眼前，什么都没有了。

没有想到真正的雪是这样下的。一连下了几个小时不停。像撕碎的鹅毛，像扯散的棉絮，像久远梦里的一次落花，无边无际，无休无止，这样富丽繁华，又这样朴素沉静。

母亲因罹患糖尿病，一星期洗三次肾。我去 V 城看她的次数也越来越多。洗肾回来，睡了一觉，不知被什么惊醒，母亲怔忡地问我：下雪了吗？

我说：是。扶她从床上坐起，我问她：要看吗？她点点头。

母亲的头发全灰白了，剪得很短，干干地飞在头上，像一蓬沾了雪的枯草。

我扶她坐上轮椅，替她围了条毯子。把轮椅推到客厅的窗前，拉开窗帘，外面的雪下得更大了。一霎时，树枝上，草地上，屋顶上，都积了厚厚的雪。只有马路上的雪，被车子碾过，印下黑黑的车辙，其他的地方都成白色。很纯粹洁净的白，雪使一切复杂的物象统一在单纯的白色里。

地上的雪积厚了，行人走过都特别小心。一个人独自一路走去，路上就留着长长的一行脚印，渐行渐远。

雪继续下，脚印慢慢被新雪覆盖，什么也看不出了。只有我一直凝视，知道曾经有人走过。"好看吗？"

我靠在轮椅旁，指给母亲看繁花一样的雪漫天飞扬。

母亲没有回答。她睡着了。她的头低垂到胸前，裹在厚厚的红色毛毯里，看起来像沉湎在童年的梦里。

没有什么能吵醒她，没有什么能惊扰她，她好像一心专注在听自己故乡落雪的声音。

有一群海鸥和乌鸦聒噪着，为了争食被车碾过的雪地上的鼠尸，扑哧着翅膀，一面锐声厉叫，一面乘隙叼食地上的尸肉。雪，沉静在地面上的雪，被它们的扑翅惊动，飞扬起来。雪这么轻，一点点风，一点点不安骚动，就纷乱了起来。

"啊……"

母亲在睡梦中长长叹了一声。她的额头，眉眼四周，嘴角，两颊，下巴，颈项各处，都是皱纹，像雪地上的辙痕，一道一道，一条一条，许多被惊扰的痕迹。

大雪持续了一整天。地上的雪堆得有半尺高了。小树丛的顶端也顶着一堆雪，像蘑菇的帽子。

被车轮轧过的雪结了冰，路上很滑，开车的人很小心，车子无声滑过。白色的雪掺杂着黑色的泥，也不再纯白洁净了。看起来有一点邋遢。路上的行人，怕滑了跤，走路也特别谨慎，每一步都踏得稳重。

入夜以后，雪还在落，扶母亲上床睡了。临睡前她叮咛我：床头留一盏灯，不要关。

我独自靠在窗边看雪。客厅的灯都熄了。只有母亲卧房床头一盏幽微遥远的光，反映在玻璃上。室外因此显得很亮，白花花澄净的雪，好像明亮的月光。

没有想到下雪的夜晚户外是这么明亮的。看起来像宋人画的雪景。宋人画雪不常用锌白、铅粉这些颜料，只是把背景用墨衬黑，一层层渲染，留出山头的白，树梢的白，甚至花蕾上的白。

白，到了是空白。白，就仿佛不再是色彩，不再是实体的存在。白，变成一种心境，一种看尽繁华之后生命终极的领悟吧。

唐人张若虚，看江水，看月光，看空中飞霜飘落，看沙渚上的鸥鸟，看到最后，都只是白，都只是空白。他说：空里流霜不觉飞，汀上白沙看不见。

白，是看不见的，只能是一种领悟。远处街角有一盏路灯，照着雪花飞扬。像舞台上特别打的灯光，雪在光里迷离纷飞，像清明时节山间祭拜亲人烧剩的纸灰，纷纷扬扬，又像千万只刚刚孵化的白蝴蝶，漫天飞舞。

远远听到母亲熟睡时缓慢悠长的鼻息，像一片一片雪花，轻轻沉落到地上。

如是因缘

许悔之

二〇〇三年五月二十六日至二〇〇四年五月十七日，蒋勋老师为《"中国"时报·人间副刊》撰写专栏，每周一篇，为时一年，这些文章依着节气前行，有如美与生活的"周记"；二〇〇五年八月结集由圆神出版，名为《只为一次无憾的春天》。

二〇一〇年十二月十八日，蒋老师急性心肌梗塞，被送入台大医院急诊室，做了心导管手术，然后在二〇一一年进行了长达半年的复健。

二〇一一年开始，郭思敏、谢恩仁和我等人，陆陆续续会到蒋老师林森南路的寓所去探访他，恩仁因为擅气功，是以数次为蒋老师调气，我们开始有了编辑一本书的愿想，一本谈肉身和生死的书。也就那时候，蒋老师录了一张《蒋勋说佛经故事》的CD，由趋势教育基金会发行，免费赠送与人结缘，那仿佛也是蒋老师死里逃生之后，用另一种眼神看人间的心情吧。建筑师郭旭原、黄惠美夫妇那时也处在一种煎熬的心情中。旭原的父亲郭清烟先生因为急症，住进台大医院，他们在陪伴父亲之时，有着许许多多的难熬和不忍；有一天，惠美开车，车上听《蒋勋说佛经故事》这张CD，听着蒋老师谈尸毗王割肉喂鹰、萨埵那太子舍身饲虎，惠美把车停在徐州路旁，放声痛哭。

因为爱，我们才有痛。用蒋老师的话：苦难是化了妆的祝福。我们正在上一堂生与死的课程。

如是因缘，我们一群人，包括旭原、惠美、思敏、恩仁等，常常和蒋老师聚会，谈论《此生——肉身觉醒》的整编和设计，说是讨论，毋宁是蒋老师对我们的慷慨布施，我们听他说一则又一则的敦煌故事、一则又一则深刻的心情和知见，仿佛，蒋老师为我们开了一个生命私塾！我们也怀着私淑的心境，凛然而又温柔地编就了《此生——肉身觉醒》这本书。

二〇一二年，《只为一次无憾的春天》与原出版社合约到期，蒋老师把这本书交给有鹿文化重编新版，并决定改书名为《此时众生》。五月，林文月老师为《此时众生》写的序文，从美国寄来，我们开始正式进行重编。

"此时"，既是蒋老师文章中书写的那个时刻，也是读者阅读交感的这个时刻。蒋老师眼前心中的草木节气、山川大地和有情众生，何尝不是我们心中有情而能映现返照的"众生"？此时，因之变得普遍平等久远；肉身缘分，因为有情，可以祝福并且福报众生！

我以为，这是蒋老师更替书名为《此时众生》的心情吧。

读着林文月老师的序，看着蒋老师《此时众生》的一篇篇文章，我们重现了当年节气之秩序，我从每一篇文章中，选出蒋老师的一小段文句，仿若我们于人间作为有情众生如是因缘的印记。

那么，此时，作为有情众生之一的我们，也和蒋老师一起经历了人间的变与不变。变的是时空节气，不变者唯真心至情而已。

写这篇"编者后记"，删掉了许多文句，竟于凌晨之时，悲欣交集，想到蒋老师住院期间，我多次为他抄《普门品》以为康健之祝愿，我是如此对观世音菩萨说："菩萨，蒋老师布施了美和真心，请您让他得康健，能在人间布施更多更久远！"

那么，此时，我愿祝福每一位朋友，心开意解，心中映现人间值得凝视的百般美好，以及痛苦之必可度过，凭借着美和真心，度一切苦厄，像蒋老师的诗句：

我愿是满山的杜鹃

只为一次无憾的春天

二○一二年五月二十八日凌晨

著作权合同登记号：18-2018-239

图书在版编目（CIP）数据

此时众生 / 蒋勋著. —长沙：湖南文艺出版社，
2019.2（2025.5 重印）
ISBN 978-7-5404-8861-1

Ⅰ.①此… Ⅱ.①蒋… Ⅲ.①散文集—中国—当代
Ⅳ.① I267

中国版本图书馆 CIP 数据核字（2018）第 228233 号

上架建议：畅销·散文

CISHI ZHONGSHENG
此时众生

作　　者：蒋　勋
出 版 人：陈新文
责任编辑：薛　健　刘诗哲
监　　制：吴文娟
策划编辑：董　卉
特约编辑：李甜甜
版权支持：张雪珂
营销支持：闫　婕　傅　丽
装帧设计：潘雪琴
内文排版：百朗文化
书名集字：弘一法师
图片提供：海洛创意（P50，P98，P108，P118，P170，P238—P239），
　　　　　视觉中国（P224），其余图片均由林煜帏提供
出　　版：湖南文艺出版社
　　　　　（长沙市雨花区东二环一段 508 号　邮编：410014）
网　　址：www.hnwy.net
印　　刷：三河市中晟雅豪印务有限公司
经　　销：新华书店
开　　本：875mm×1270mm　1 / 32
字　　数：140 千字
印　　张：8.25
版　　次：2019 年 2 月第 1 版
印　　次：2025 年 5 月第 10 次印刷
书　　号：ISBN 978-7-5404-8861-1
定　　价：58.00 元

若有质量问题，请致电质量监督电话：010-59096394
团购电话：010-59320018